一辈子很短
我只想和你在一起

I just want to be with you——

阿油 著

文化发展出版社
Cultural Development Press

图书在版编目（CIP）数据

一辈子很短，我只想和你在一起 / 阿油著. —北京 : 文化发展出版社有限公司，2018.9
ISBN 978-7-5142-2082-7

Ⅰ. ①一… Ⅱ. ①阿… Ⅲ. ①散文集—中国—当代 Ⅳ. ①I267

中国版本图书馆 CIP 数据核字（2018）第 222964 号

一辈子很短，我只想和你在一起
著　　者：阿　油

责任编辑：肖润征
产品经理：杨郭君
监　　制：白　丁
出版发行：文化发展出版社（北京市翠微路 2 号）
网　　址：www.wenhuafazhan.com
经　　销：各地新华书店
印　　刷：北京市雅迪彩色印刷有限公司

开　　本：880mm×1270mm　1/32
字　　数：158 千字
印　　张：8
版　　次：2018 年 11 月第 1 版　2018 年 11 月第 1 次印刷
I S B N ：978-7-5142-2082-7
定　　价：45.00 元

世界太大，人山人海，我很幸运，

能够在最美的时光，遇到最好的人。

在已经懂得珍惜的岁月中，

那个最初遇到的女孩，

还一如既往地陪在我身边。

有时候觉得，命运对自己真是眷顾，我所选择的人，也恰好选择了我。

目录

序言 谢谢你，我的女孩

Thank you, my girl

有个作家说过，在人的一生中，遇到爱，遇到性，都不稀罕，稀罕的是遇到了解。

我遇到陈怡，就是遇到了了解我的那个人，是生命中对的那个人。

和一个对的人谈恋爱，那种感觉大概就是能谈得来，能玩得来，能在任何时刻想到对方，能把对方时时刻刻放在心里。

遇到对的人之后，会觉得，好吧，就是这个人了，不论生活还是思念，这个人就这样轻而易举地占据了一个位置。

陈怡问我："为什么喜欢的人会是我？"

我说："为什么不会是你？"

我常想起第一次见到陈怡的场景，耳边有流转动听的歌曲，身边有嘻嘻哈哈的朋友，坐在昏暗的角落里的那个女孩子，露着浅浅的酒窝，低头笑着。

在还不懂得爱情的年纪，我遇到了今生最爱的人。

在已经懂得珍惜的岁月中，那个最初遇到的女孩，还一如既往地陪在我身边。

窗外有微风拂过的声音，一转头，陈怡也在温柔地注视着我。

有时候觉得，命运对自己真是眷顾，我所选择的人，也恰好选择了我。

但是，有时候也会觉得，命运中也有遗憾，我想如果有可能，我希望遇到陈怡的时间更早一些。

我们总是失去得越来越多，随着时间流逝，与亲人陪伴的时间也越来越少。

我们所得到的也会在时间的流逝中逐渐失去，但是，我从来不会觉得心里空落。

因为，对我来说很重要的人，正陪着我。

我们没有错过清晨的阳光，没有错过正午的美味，没有错过深夜的霓虹流转。

所以，这个世界对我来说，温暖又充满期待。

谢谢你，我的女孩，你给了我认真生活的动力。

谢谢你，我的女孩，你笑起来的样子，让我的每一天都是阳光明媚。

我想和你一起书写我们的故事。

人山人海，岁月更迭，最好的你，让我想要不断变得更好。

从情侣装到婚纱，从两个人到一家人

我不会说一些肉麻的话，也不擅长做一些浪漫的事情，我只想对你说，谢谢你的出现，让我觉得自己很幸福。

我想了想，为了准备这场求婚，我预想过很多突发状况的发生，

但唯独没有想过的一件事就是陈怡会拒绝我。

969天，我们一起对未来打钩

向陈怡求婚的时候，我心里真的是超级紧张。

并不是因为担心陈怡会不答应，而是害怕自己到时候手忙脚乱出了什么差错，闹出笑话。

毕竟，从决定求婚那一刻起，我就一直想要给陈怡一个特别的求婚时刻，让她在今后的人生中，不论什么时候想起那个瞬间，都能记忆犹新，最好还能热泪盈眶。

为求婚做准备的那段时间，我过得小心翼翼，每天在陈怡面前演“特工”，总是要找各种借口甩开陈怡，独自出门去和朋友选求婚场地，买一些求婚用的东西。

每次出门，我都觉得陈怡在用一种深不可测的眼神打量着我，我总觉得她已经猜到了我准备干什么，只是没有戳穿我而已。

后来，因为陈怡在我求婚的时候一直傻笑，我更加坚定地相信，她对于我的“求婚计划”早就洞悉了，所以，在我求婚的时候，她一直用看傻子般的眼神慈爱地盯着我。

但是，陈怡后来和我说她当时根本没察觉出那段时间我有什么不对劲的地方，我向她求婚的时候，她之所以一直傻笑，是因为当时她整个人是完全傻掉的，不知道该讲些什么，只好用尴尬而不失礼貌的微笑掩饰。

总之，在我一门心思准备求婚的那段时间里，我简直是一心多用。一方面要在陈怡面前装作什么事情都没有，另一方面又要绞尽脑汁考虑安排一个怎样的求婚现场会让陈怡感动。

朋友陪我去挑选戒指时问我求婚的事情准备得怎么样了，我说了几个自己的想法，朋友都说不够好。

买完戒指后，朋友建议我不如多去几家酒店看一看，先把场地选好之后，再想具体怎么安排。

我们看了几家酒店之后，我看中了其中一家酒店的风格，环境很清幽，还有一个很大的游泳池，是陈怡喜欢的那种。

“到时候，把泳池的水都放光，里面摆满鲜花，我在泳池里向陈怡求婚，你觉得怎么样啊？”（想想都觉得很浪漫，哈哈）

我比比画画地和朋友说自己的想法，朋友也觉得我的这个主意不错，我找到酒店的工作人员，想尽快商定一个合适的日期，把场地订下来。

工作人员说如果我想租用泳池来求婚，就得把整个酒店包下来，因为酒店里还住着其他的客人，他们不能单独为我提供这个场地。

朋友同情地看着我，他知道包下整个酒店这笔钱太多了，我拿不出。

从酒店出来，朋友拍拍我的肩膀，说杭州这么大，再去别的地方看看，肯定还有更合适的。

锲而不舍地找了好几天，我去另外一个朋友的公司谈事情时，在他办公室的落地窗边无意向下看了一眼，发现楼下有一个很大的泳池。

踏破铁鞋无觅处，得来全不费工夫啊。

我啰里啰唆地又一次把我的“泳池求婚大作战计划书”给朋友手舞足蹈地演示了一番，我的这位朋友也同样对我投来了赞许的目光。

就在我扬扬得意，仿佛已经看到了自己在铺满鲜花的泳池里，单膝下跪，向楼上站在窗前的陈怡举起戒指，大喊“嫁给我！”的感人画面时，我的这位朋友随口问道：“不过，这里这么高，还隔着玻璃，你要喊多大声，陈怡才会听到啊？”

我：“……”

脑海中又浮现出一幅画面：

我扯着嗓子喊：“陈怡，陈怡——嫁给我吧——嫁给我吧——喂——喂——回头，回头啊——”

陈怡背靠落地窗，头也不回地拿出手机给我打电话：“李云森，你跑哪儿去了，我等了你好久，你知道不知道，你死定了……”

泳池求婚计划“流产”后，我继续和朋友们想新的点子，一个朋友无意间提了一句：“我们可以搞一辆大卡车，把里面布置成女孩子喜欢的那样，然后你躲在里面，突然把门打开，你从卡车里出来向陈怡求婚，是不是很浪漫？”

我一下就被这个点子吸引了，觉得特别好，另外几个朋友也纷纷举双手赞成，我们觉得男生都认为这个点子特别童话，特别温馨，女生一定会更喜欢。

接下来的任务就是找卡车，定路线，布置场地了，这些事情因为有朋友们的帮忙，准备得蛮顺利。

终于等到求婚的那天，我和陈怡说淘宝店的衣服要上新，让她和我去拍照，然后把陈怡带到了求婚的地方。

“欸？人怎么有点多啊？”陈怡觉得有些奇怪。

“他们有事情在忙吧。”我装模作样地东张西望了一会儿，把提前贴好的“寻狗启事”指给陈怡看。

“噢，在找狗哦。”陈怡没再多想。

我悄悄和陈怡的朋友做手势，在她们的掩护下，顺利溜走了，接应我的朋友把我塞进卡车里，一切准备就绪。

在来之前，我就和陈怡的朋友说了我要求婚的事情，让她们到了现场帮我拖住陈怡，给我时间做最后的准备。

听说我要求婚了，那两个女孩子特别兴奋地答应帮我。所以，在我偷偷溜走的时候，陈怡压根儿没有注意到，她的那两个朋友一直在拉着她聊天，分散她的注意力。

躲在卡车里的时间有点久，我还接到了陈怡发来的微信，她有些生气地问我怎么突然不见了，把她和她的朋友丢下是什么意思。

我虽然躲在卡车里看不到，但是完全能想象到陈怡四处找我的样子，心里想着等一下卡车的门突然打开，本来有点焦急、有点生气的陈怡突然看到我闪亮帅气地登场，会不会感动得哭出来？

我在心里一边默默复习求婚的台词：“亲爱的，你是电，我是光……”一边紧张期待着接下来的时刻。

卡车的门缓缓打开时，我自己也蒙了一下，因为没人提前通知我，我当时还在不停地背之前准备的台词，想着亮相的时候要做一个什么样的造型。

首先听到了外面的笑声和掌声，然后就看到了站在草地上的陈怡，手里拿着两枝花，傻乎乎地跟着大家一起鼓掌。

当时的陈怡，让我想到了第一次看见她时的样子，短发，小短裤，一脸无辜的样子在发呆。

晚上的天色有些暗，灯光有些晃眼，陈怡穿着米黄色的裙子，背着一个小挎包，乖乖仰头看着我的样子和我刚认识她的时候一模一样。

我把她带到卡车上时，她紧紧拉着我的手，掌心有些潮湿，表情还是乖巧的，嘴巴紧紧抿着。

那个时候，我的大脑一片空白，我背了一整天的台词，一个字也想不起来了，之前准备的那些热场搞笑的话，也完全不记得了。

我只能说出一句：“陈怡，嫁给我吧？”

“好。”

我听到陈怡小声的，有点害羞的，但是特别笃定的回答后，我心里有什么东西在一点一点地往外溢出，甜蜜的、酸酸的感觉。

求婚的事情准备了很久，但是当天又是下雨，又是忙乱，之前设计好的一些环节没有做好，觉得有些遗憾，不过，当我听到陈怡回答的那声“好”时，就觉得一切都无所谓了，我的求婚成功了。

从女朋友到未婚妻。

从男朋友到未婚夫。

我们彼此的身份变得更加亲密了，在今后的每一天，我们都会一起度过，我们会是彼此最亲近的人，互相信赖，互相依靠。

有朋友在后来问过我：“你搞那么多事情来求婚，万一陈怡不答应，你岂不是很糗？”

我想了想，为了准备这场求婚，我预想过很多突发状况的发生，但唯独没有想过的一件事就是陈怡会拒绝我。

并不是自己盲目自信，而是因为从和陈怡在一起开始，我就没有想过我们会分开，我觉得陈怡也是这样想的。（还不是因为我长得太帅了？）

说一句比较老套的话，有些人在一起，是因为上辈子的缘分，延伸到了这辈子。我见到陈怡的第一眼，就觉得这个女生好可爱，心里感觉甜甜的，那种滋味，就像是小孩子吃到了很喜欢的糖果，就像是早晨的阳光刚好洒过头顶，就像是走了很远的路的我，遇到了站在不远处的你。

现在想起当时求婚的场景，还是觉得有很多想说的话没有对陈怡讲出来，热热闹闹地求完婚，陈怡开开心心地接受了我的戒指，我开玩笑地“抱怨”陈怡：“我本来想好了要让你哭出来的，可是你一滴泪都没有，我有点失望哎。”

陈怡听到我这样说，还是掩不住嘴角的笑，她解释道：“哎呀，我以前是想过你向我求婚的样子，但是真的没想过会是这样的大场面，我真的……真的，是被你吓傻了，傻到都忘记哭了。”（嘿嘿，借口吧！）

我还能说什么呢？好吧，我的傻姑娘，从 2015 年 1 月 1 日在一起到求婚的日子，我们在一起度过了 969 天的时光，接下来，我们还会度过第二个 969 天、第三个 969 天、第四个、第五个……

我不会说一些肉麻的话，也不擅长做一些浪漫的事情，我只想对你说，谢谢你的出现，让我觉得自己很幸福。

我不会说一些肉麻的话，也不擅长做一些浪漫的事情，

我只想对你说，谢谢你的出现，让我觉得自己很幸福。

结婚这种事，除了你，我再没想过别人

求完婚之后，陈怡才后知后觉地察觉出我之前的各种不对劲。

陈怡说："我当时真的以为你叫我出去就是去工作的，而且拍完照片，我都很饿了，你还一直不肯和我去吃饭，带我去那个地方又那么奇怪，当时天气不是很好，可是还有人搭了那么大的一个棚子，周围还有那么多人不知道在干吗。"

我问她："那你当时都没猜出我想干吗？"

"没有啊，你说那么多人都是养狗协会的，他们在举办活动，而且路边还贴着'寻狗启事'，我就相信了。"

"你都没发现那里一只狗都没有吗？"我当时一直担心这个漏洞会让陈怡发现不对劲，可是后来的事实证明我的担心是多余的。

"我没想那么多啊，你说是，我就信喽。"陈怡大概也觉得自己天真得过分了，她把话题转移到我身上。

"喂，你知不知道你当时求婚的时候，整个人声音都是抖的？

我其实站在你旁边特别想拍拍你的肩膀，跟你说放松点，别紧张。”

“幸亏你当时没拍我肩膀，不然我就不像是在求婚，而是像要和你拜把子了。”我吐槽陈怡，她又笑得很开心，眼睛都眯成了一条缝。

我很喜欢看陈怡笑，觉得她一笑起来，整个世界都荡漾起来了，常有人说：“爱笑的女孩运气不会太差。”但是我想说，和一个爱笑的女孩子在一起，真的是拥有了全世界最好的运气。

好几年前，我第一次在网上看到陈怡的照片时，心里就暗暗惊讶，想怎么会有笑得这么开心的女孩子啊。

那时候，我完全不认识陈怡，只是因为我们有一个共同的朋友，所以才有了间接的接触，在 QQ 上互相加了好友之后，连招呼都没打过，谁也没和谁说过话，彼此就是躺在对方好友栏里的“隐身 ID”。

我常常去陈怡的 QQ 空间打转，看她发一些图片和文字，总是心情很好的样子，像是从没遇到过烦心事。

小的时候，我爸妈工作都很忙，一大早就出去，很晚才会到家，常常留我一个人在家，或者把我送去亲戚家蹭饭，我很早就习惯了一个人待着，一个人看书，一个人写作业，一个人看电视，一个人睡觉……

虽然我不是那种多愁善感的性格，但是，一个人独自成长的经历，还是让我习惯把心事放在心里，自己慢慢消化。有的时候，遇到不开心的事情，也不会主动找朋友去聊，只是自己闷着头化解。

看到陈怡总是在QQ空间里自言自语一些小女生的小情绪，就觉得很可爱，有种想要认识她的冲动，觉得和这样的女孩子交朋友，一定很简单快乐。

有一天，我发现陈怡在我的QQ空间里留言了，大概是我在很早以前写过一些低气压的话，陈怡在下面给我鼓劲加油，还写了几句安慰开解的话语。

后来，我们在一起之后，我问陈怡："那时候干吗跑到我空间里留言，是不是想和我'网恋'？"

陈怡瞪着我："恋你个头，就是随便翻到的，然后觉得你可能那时候不太开心，想安慰你一下。"

我不信："可是，那个时候我们还不认识啊。"

陈怡："不认识的人不开心，也需要得到安慰啊。"（借口！肯定是借口！不就是想认识我？哈哈）

陈怡总是这个样子，她自己觉得是很随意说出口的话，随意做出的举动，往往会在我心里撒下很甜的糖，让我觉得自己从头到脚都浸泡在糖水里。

在还没见到陈怡，没有真正认识她之前，我就已经在想了，如果能和这个女孩子在一起，一定会是很幸福的事情吧。

后来，我真的和陈怡在一起了，我又在想，将来如果能够和她结婚，一定是更加幸福的事情。

在我求婚成功的那一刻，我紧紧抱着陈怡，心里想我们真的要结婚了，我在很早以前期待的幸福，竟然一点一点成真了，如果这个世界上真的有美梦成真这种事情，那么，我一定是梦想成真了。

完成求婚之后，我就开始着手准备结婚的事情，我开始打电话通知朋友，让他们到时候一定记得来参加我的婚礼。

我给老周打电话，请他来当我的伴郎时，老周在电话里哈哈大笑：“别逗了，你要结婚了？骗谁呢？”

“真的，日子都定好了。”我很诚恳。

“信你的鬼话哟，我才不信呢，休想骗我啊。”老周是长沙人，一口湖南普通话掷地有声，砸进我耳朵里，说得我都觉得自己在演戏一样。

“我没骗你，我是要结婚了，你到时候别忘记啊。”我十分郑重地和老周说道，但是电话那端的老周一直哈哈哈哈地笑，坚定地认为我是在和他开玩笑。

“哼，鬼才要信你哟。”老周和我认识的时间蛮久，他觉得我是那种还没长大的小孩，怎么可能突然跑去结婚。

第一次和老周说了我要结婚的事情之后，我几乎每天都要和他讲一遍我要结婚，但是他一直不信，认为我就是在骗他，直到一个星期之后，我陆陆续续地通知完了所有的亲朋好友，老周才突然打电话过来和我确认。

“你真的要结婚了？没骗我啊？”

老周应该是从别的朋友口中听到了我要结婚的消息，终于觉得我不是在骗他了，才火急火燎地来和我确认。

“我真的要结婚了，和你说了八万遍了。”我已经懒得再和他强调了。

“啊？”

我都能想象到老周在电话那端张大嘴巴、吃惊不已的样子。其实，我在通知别的朋友自己要结婚的消息时，他们的反应和老周都差不多。

所有人都觉得我事业才刚刚起步，应该趁着年轻，在事业上多投入精力和时间拼一把，为什么要这么快选择进入婚姻生活呢？

还有一个原因就是我在朋友们的眼中比较孩子气（大概就是天真、活波、可爱），让他们觉得我还不够成熟，似乎不能胜任“丈夫”这个角色。

这些问题，我在求婚之前都考虑过，我自己本来也没打算很快结婚，想和陈怡多享受两年恋爱时光，也给自己一些准备的时间，等我买了房子，买了车子，有了一定的积蓄，能够给陈怡稳定的生活时，我才会有底气和陈怡结婚。

我问过陈怡：“你觉得我们多少岁结婚比较合适？”

陈怡当时在看手机，头也没抬：“是你的话，随时啊。”

这话听起来倒是蛮顺耳的，我心里哈哈哈哈哈直笑，表面上却还故作淡定地说道：“噢——原来你这么喜欢我啊。”

陈怡继续头也不抬：“臭不要脸。”

于是，我就臭不要脸地向陈怡求婚了，虽然我还不够成熟、不够优秀，时常会和陈怡拌嘴，惹她生气，我还没有足够的经济能力给她提供足够好的生活，我也不能保证自己会很快改掉身上的坏毛病，但是，我知道，我愿意给陈怡一个承诺，给她一个家，并且愿意为了这个家，让自己越来越好，越来越成熟。

求婚后，我对陈怡“威逼利诱”：“你说老实话，你答应我的求婚是真心的，还是觉得那么多人，不好意思拒绝？”

陈怡赏我一个白眼：“你是不是傻？”

“果然，”我开始“戏精”附体，捂着心口，“你就是不好意思拒绝才答应的对吧？你准备悔婚了，是不是？”

“是啊。”陈怡没打算和我“飙戏”，她从沙发上站起来，去厨房准备晚饭。

“你这个无情的女人，为什么要这么对待我？”我撵在陈怡屁股后，激情四射地发挥演技。

“有的时候，我觉得自己也是很傻。”陈怡似乎是配合着我进入了角色。

“怎么说？”

“竟然会答应嫁给一个傻子。”

这台词不符合剧情走向啊，我讪讪地站在一旁，陈怡折腾了一番锅碗瓢盆，扭头看我没动静，拿胳膊肘撞撞我：“你干吗还戳在这里？”

“有点难过。”我吸吸鼻子。

“不是吧你，这就生气了？”陈怡靠到我胸前，她的头发软软的，头顶的碎发钻进我鼻孔里，很痒。

“不是。”我叹了口气，“两个傻子结婚，日子有点难过哟。”

“李云森，你给我……”陈怡猛地抬头，撞到了我的下巴上，我下嘴唇磕到了上门牙，疼得叫起来。

“活该啊你——”陈怡嘴巴里嫌弃着，但还是很仔细地给我检查了嘴巴里有没有磕破的地方。

看着陈怡手忙脚乱的样子，我心里想对那些对我和陈怡结婚不抱信任的朋友说：看吧，就算我不够成熟怎么样？就算我还像个没长大的孩子又怎么样？陈怡就是喜欢这样的我，她会陪着我一起成长，一起变好。我们会包容对方身上的缺点和不足，爱情本来不就是坦诚接纳彼此吗？

因为我总是在陈怡耳边念叨，我求婚的时候，陈怡没有流眼泪，我觉得有点失望这些话，陈怡大概是听烦了，想要给我一个圆梦的机会。于是，陈怡趁我没注意的时候，偷偷在家里录了一段视频给我。

我看完还蛮感动的，视频里，陈怡两眼红红的，她小心擦着眼角的泪水，说：“结婚这种事，从很早开始，除了你，我就没有想过别人。从你很幼稚的时候开始，就算那个时候我们吵架，我也是想着你的，到现在你慢慢成长了，你开始变得成熟，我依旧是，只嫁给你。谢谢你，我的男孩，愿意为我成长，可以看到你在这一路上,为我付出那么多,还是很开心了,不要说我没有哭哦。嫁给你，我很幸福。”

看了视频，我去找陈怡：“你好烦啊。”

陈怡先声夺人：“我真的哭了，要不是担心哭太多，镜头前面会很丑，我会哭到大家以为你死掉了哎。”

“不是啊，我不是说这个。”

“那你烦什么？”

“你干吗讲得这么好，显得我很没有文采。”我埋怨的样子。

陈怡“哦”了一声，语重心长地对我讲：“没事没事，以后你就会慢慢习惯的。”

“习惯什么？”

“习惯被我碾轧啊。”（啥？你碾压我？）

陈怡得意扬扬地笑着，脸上有着小狐狸般狡黠的表情，每次她打嘴仗赢了我，就是这副德行。（虽然也就赢过我几次）

有句话我一直不好意思对她讲出来：陈怡，结婚这种事，从很早开始，除了你，我也没有想过别人。

第一次为我穿上婚纱的你

拍婚纱照的时候，我心里还是挺激动的，在婚纱店选婚纱，陈怡抱着婚纱去试穿，我等在试衣间外，然后，看着陈怡像白雪公主一样，拖着长长的白纱，慢慢走到我面前，真的有一种小时候看的动画片里的人物来到现实的感觉。

“好看吗？”陈怡拎着裙摆，左看右看，她选婚纱选了很久，婚纱店的工作人员给她推荐了好几个款式。

“好看啊。”我用手机给陈怡拍了一张照片，拿给她看。

“是不是有点显胖？”陈怡不断放大，缩小，认真地看每一处细节，“胳膊这里，还有腰这里。”

“不会啊。”我没看出来哪里不好。

“刚才那款收腰的可以试一下。”工作人员在一旁建议。

“要不，我再去试试另一件？”陈怡抬头问我。

“行啊。”

我看到陈怡眼神里闪烁着一丝小小的雀跃，她那天试了很多套婚纱，我觉得每一件都很漂亮，可是，陈怡总是觉得还不够好看。

我能体会陈怡的心情，一辈子难得的重要时刻，当然想要没有遗憾地留下纪念的影像。我也希望陈怡以后想起拍婚纱这件事情，不会觉得仓促遗憾。

选好婚纱之后，我们去拍外景，那天温度特别高，我对着摄影师的镜头，眼睛都被太阳照得睁不开，陈怡的妆也是花了补，补了又花掉。

不过，那天，我们两个都特别快乐，谈恋爱的时候，我们就讨论过将来结婚的话，拍什么样风格的婚纱照比较好。我说拍一些搞笑风格的婚纱照比较好玩，陈怡还反驳我，说她要拍公主风格的婚纱照。那时候只是说着高兴，觉得结婚还是很遥远的事情，没想到短短几年，我们真的要结婚了。

在摄影师要求我们四目相对，做出深情款款的表情时，我们好几次都忍不住笑场。摄影师和我是比较熟悉的朋友，一起合作过很多次，我向陈怡求婚时，也请他在现场拍照，他很熟悉我和陈怡的性格，但还是忍不住叫起来："喂，你们两个可不可以认真点？这是在拍婚纱照，不是在拍淘宝上新品啊。"

在路边拍摄的时候，很多路过的行人都纷纷给我们送上祝福，有的人还特意停下车，冲我们伸出大拇指，朝我们喊："祝你们幸福。"

几个看起来像是来杭州旅行的外国人，也特意走到我们面前，对我们说了一些祝福的话，当时感觉全世界都在祝福我们。

陈怡有点不好意思，小声说：“被这么多人看到，我都有点不好意思了呢。”

我笑她：“那还要不要接着拍？”

“拍啊，还没有拍完呢。”陈怡跑去化妆师那里补妆，我看她晒得脸通红，估计接下来几天会不停念叨自己又黑了几个度，然后偷懒不出门。

拍完这套婚纱照之后，在我们结婚前几天，我和陈怡又在海岛上拍了一套婚纱照，当时我的想法比较简单，就是觉得在杭州拍的那套婚纱照风格虽然十分青春洋溢，但是总觉得不是很正式，在关于结婚这件事情上，我还是想要更隆重、更完美一些，于是，我就和陈怡提出再拍一套婚纱照的计划。

我问：“我们再拍一套婚纱照吧？”

陈怡想都没想就答应了：“好啊。”

我：“这么爽快？”

陈怡笑起来：“是啊，拍婚纱照又不是常常能遇到机会，既然你都说了，我干吗不答应？其实拍婚纱照真的蛮过瘾的。”

果然，每个女人心里都住着一个公主。

在海岛上拍婚纱照那天，风很大，因为我们的婚礼日期定在秋天，所以，拍婚纱照那天，气温有些低，陈怡拍完一组照片之后，我就会用厚厚的大衣把她裹住。

“冷吗？”我有点心疼。

“还好。”陈怡仰头看天，天空是很透亮的蓝色，“秋天真的好好啊。”

“是啊，很美。”我帮陈怡把大衣的扣子系上，秋天真的很好，但是，有你陪在身边的话，一年四季，春夏秋冬，我都喜欢。

我和陈怡都很喜欢秋天。

有一阵子，陈怡迷恋追偶像剧，每天盯着电脑的时间比盯着我的时间要长。偶像剧里的台词总是把一些简单的话说得很复杂。

这个世界上的女人大概都无法抵御偶像剧的发糖攻势，陈怡在看了几天偶像剧之后，和我说话的腔调都变了。

陈怡双手托腮：“你觉得我今天怎样？”

我认真打量了几眼：“该洗头了，刘海儿都成龙须了。”

陈怡怒拍桌子：“滚。”

过了一会儿，陈怡又从卧室跑出来，半蹲在沙发前，仰头看着我，带着笑意：“宝贝，晚餐，你准备煮什么？”

我想了想：“冰箱里有中午吃剩下的排骨，我们可以热一热，然后一人煮袋泡面，反正我不太饿，你呢？”

陈怡脸上的笑意消失：“滚。”

晚上睡觉前，我已经昏昏欲睡，大脑即将关机了，陈怡还瞪着两只眼睛，精神头十足：“夏天马上过去了，叶子都黄了，好伤感啊！”

我半梦半醒：“干吗伤感，秋天不是挺好吗？我最喜欢秋天了。”

陈怡晃晃我的胳膊：“真的吗？我和你一样啊，我也最喜欢秋天啊，说说看，你为什么喜欢秋天啊？”（嘿嘿，马后炮！）

被陈怡吵得没办法安生睡觉，我干脆坐起来：“因为秋天温度正好啊，不冷不热，比较爽。”

“李云森，你也太不浪漫了吧？”

陈怡大概在心里拿我和偶像剧男主角做了个比较，为了不被一个虚构出来的男人打败，我决定再回答一次。

我说：“你再问一遍，我好好回答。”

“你为什么喜欢秋天啊？”

“因为——”我深沉地咳嗽了一声，低垂眼帘，将头微微偏过去一些，让自己的侧脸对着陈怡。（感觉这个角度很迷人）

“有屁快放。”陈怡催促。

“秋天的衣服，我比较喜欢穿，不薄不厚，你不觉得秋款的衣服很能衬托我的身材吗？显得我腿长，特别有气质，忧郁中带着不羁。”

我的回答依然没有得到陈怡的认可，她嫌弃地看了我一眼，说道：“我就知道，我不应该对你这个男人抱有一丝希望的。”

“那你说说看，你为什么喜欢秋天？”我反问陈怡。

“我——”陈怡一时语塞，在组织语言，“我喜欢秋天是因为——”她再次抬头看我一眼，小声说道，“因为秋天没有蚊子。”

这是什么烂理由啊，这是一个整天看偶像剧的剧迷应该有的素质吗？我在心里使劲吐槽起来。

“冬天也没有蚊子啊。”我抬杠。

“可是冬天太冷了，不如秋天气候好。”陈怡争辩。

“所以——”我双手一摊，很不理解，“你为什么要嘲笑我不浪漫，你给出这样的理由和我有什么差别？”

看到陈怡无言以对，我乘胜追击，继续说道：“承认吧，你和我一样不浪漫，所以我们两个才最般配啊。”

经过这件事情后，陈怡就不再总说我不浪漫了，大概经过我的教育后，她也认识到了自己其实也很缺少浪漫细胞，也就不再对我做更高的要求了。

拍婚纱照的时候，我心里有一种很奇特的感觉，开始很模糊，后来越来越清晰，就像是开车在路上，终于找到了自己想要去的方向。

我知道自己选择结婚的这个决定，在我的朋友甚至许多人的眼中，不是一个“最完美”的人生选择，他们认为 18 岁读大学，22 岁大学毕业，参加工作，30 岁事业稳定，选择合适的伴侣结婚，人生就像一栋大厦，要打好基石，一步一步地向上走，才是最稳妥、最好的前进方式。

最初的时候，我也和大多数人一样，是这样认为的，总觉得作为一个男人，如果没有足够的能力给爱人和家庭扎实的经济基础，是无法承担起一个做丈夫的责任的。但是，和陈怡在一起之后，我越来越觉得，两个人在一起相爱，心与心的沟通和理解是最重要的，

陈怡说过 :“结婚的话，只要是你，我就愿意。”

所以，我想在我们相爱的时候，给彼此一个关于一生的承诺，这就是我们对彼此的责任，至于其他的，我们可以一起努力，人生是需要慢慢地、一步一步地走，但是在这个过程中的顺序并不是一成不变的，我愿意给自己所爱的人一个关于未来的承诺，并一直努力去实现这个承诺。

陈怡问过我 :“你觉得我们将来会结婚吗？”

当时，我没有回答她，其实，我心里想的是，如果彼此相爱，做好准备一起度过漫长的一生，不论是否决定结婚，都不重要，重要的是，在我们彼此的心里，对未来有着一个明确的答案，对身边的人也有着足够的信赖和爱。但是随着时间的推移，我想告诉陈怡，如果我这一生一定要结一次婚，新娘一定会是你。

每个人都有自己的人生刻度，不用太在意别人的看法，只要自己真正做好决定，认为自己做的事情是遵从了内心的声音，就去做好了，每个人的人生都应该是完全属于自己的，不是吗？

我排着队，拿到爱的号码牌

在老家办婚礼的时候，我妈和我爸不停地给我准备许多东西，其实，我一早就告诉过他们了，婚礼的事情，我自己会搞定的，但是，固执的老人家，怎么肯放弃参与这项喜庆活动的机会呢？

我叹气："哎呀，他们怎么这么不听话？"

陈怡说："爸爸和妈妈想要为你做些事情，你就让他们做一些好了，如果什么都不让他们管，他们也不会开心的。"

我反对："什么都不用做还不开心？我的梦想是每天躺着什么都不用做。"

陈怡一脸无奈地看着我："你那个不叫作梦想，叫懒惰。父母能够为孩子付出，会觉得是一件很幸福、很高兴的事情，等我们以后做了父母就会知道了，能够参与孩子人生中的每一个重要阶段，是多么开心的事情。"

"切，装成熟。"我不以为然。

"太幼稚。"陈怡笑我。

那个时候，我没有太把陈怡的话放在心上，转头又去忙别的事情了，可能因为从小到大，独立惯了，理所当然地将所有的事情都大包大揽，自己做决定，自己去完成，还一直觉得自己挺让父母省心的。

自来到杭州工作后，很少有时间回家里，每次和父母打电话，或者视频，也总是说不了多大一会儿就会挂断。

“多注意身体，照顾好自己。”

他们每次都会这样叮嘱我，我也同样嘱咐他们在家里好好的，不要累到，让他们有什么事情需要帮手，一定要跟我讲。

不过，他们从来都说家里很好，不让我操心。

我也一直理所当然地觉得我长大了，有自己的生活和工作了，父母可以对我完全放心，不用为我的事情再操心了。我忽略了一点，在我慢慢成长的过程中，我其实在一点一点地远离父母，他们对我的生活不再了解，搞不清楚我的工作是什么。

父母因为怕打扰我，所以从来不会多问什么。而我也粗心大意地没有发现自己的“懂事”和“独立”带给父母心里的失落。

回到老家，当我开始准备婚礼的事情时，才发现自己一开始想得太简单了，我以为结婚就是订好宴请酒店，选好婚庆公司，就万事大吉了。没想到真的着手做起来，烦琐的事情特别多，都得自己一样一样去做决定。

每次，我出门去和婚庆公司商定具体事情安排的时候，我妈就会跟上来问：“要不要我和你一起去？”

“不用了，婚庆公司的人都会安排好的。”我拒绝。

我妈会不屈服地再问一次："还是我和你一起去吧，一辈子就结一次婚，婚礼一定要办得漂漂亮亮的。"

拗不过我妈的时候，我就只好带她一起去。现在回过头去再想想，我妈当时的样子开心得像个孩子，大概陈怡说的是对的，父母最高兴的不是孩子成长独立了，而是在孩子人生的每个阶段都能够参与进去。

后来的事实证明，父母与孩子的互动，是有喜有悲。

婚礼当天，我走出家门看到我妈为我准备的红色大拱门时，视觉和心理都受到了强烈的冲击。

我极力控制表情："妈，这是什么？"

我妈喜气洋洋："拱门啊，好看吧？"

我指着拱门两边的两个巨大心形："这也太丑了吧？"

我妈瞪了我一眼："哪里丑了？你不懂，陈怡一定喜欢，女孩子都喜欢心形。"

红色的充气心形，外面还有一层黄色的镶边，底下还铺着黄色的翅膀一样的东西，我想陈怡就算再少女心，也不会欣赏得来。

这段小插曲，结婚后，我讲给陈怡听，当时我妈也在场，陈怡和我妈站一队："结婚就要喜庆嘛，我没觉得难看。"

我妈有了支持者，更加底气足了："是啊，是啊，我早说了李云森的审美，从小到大都没培养起来。"

我："……"

我妈出门后，我和陈怡说以后到了我们的结婚纪念日，我都会去租一个那样的充气拱门，摆到家门口庆祝。

“你敢？”陈怡瞪圆了眼睛。

“你刚才还说喜庆，好看。”

“那不是不想扫你妈妈的兴嘛，尊敬长辈，懂不懂？”陈怡捶我。

我拎着我妈给陈怡带的几大包熟食，觉得我在家里的地位岌岌可危。

“反正我以后要去租拱门。”

“那我就把你塞拱门里。”陈怡一边追着我要按我的头，一边笑个不停，大约脑补了我被塞进拱门的滑稽样子。

陈怡真的很喜欢笑，开心的时候笑：“怎么这么好笑啊？”郁闷的时候也会笑：“哎哟，好烦啊怎么办？”

婚礼当天，陈怡也是一直在笑，笑，笑，笑得停不下来，就

算是我去她家接她去酒店，她和她爸妈抱在一起哭成一团时，也是哭一会儿，就笑着擦眼泪。

我们后来看了婚礼的视频，我指着视频："你怎么一直傻笑，看起来好呆啊。"

陈怡把电脑"哐当"合上："就是觉得很开心、很幸福啊，除了笑，我也不知道该用什么表情了。"

其实，结婚当天，我也觉得特别开心，一直都处于很激动的心情当中。结婚前一天，因为要为第二天做很多准备，我忙到很晚才睡觉，躺到床上的时候，本来还以为会紧张得失眠，结果一觉睡到第二天早上，亲戚、朋友都来到我家里了，我才慌慌张张从床上爬起来，洗漱打扮之后，就被一堆人簇拥着上了婚车。

从我家到陈怡家的路程很短，大概只有几分钟的车程，可是，那短短的几分钟，我感觉好像漫长的一个世纪。一想到过了这一天，我和陈怡就是真正的一家人了，心里就忍不住地激动。

进到陈怡家后，我看到陈怡在几个伴娘的簇拥下，穿着婚服，坐在床上看着我傻笑，她的脸蛋红红的，不知道是因为害羞，还是腮红打多了。

屋子里挤满了人，每个人都大声地笑着，四周的声音很吵，可是我却觉得整个世界变得无比宁静，我眼前只有安静笑着的陈怡，周围的人好像统统不见了似的，整个屋子里，只有我和陈怡，我看着她，她看着我。

"发什么愣？说话呀——赶紧的——"随行的好朋友推我一把，

我才缓过神来，单腿跪在陈怡面前，握住她的手。

“嫁给我。”我轻声地说。

“好。”陈怡的手心里有汗，我知道她和我一样紧张，和之前的求婚不同，这一次，我们给彼此的答案更加笃定，如果说求婚的时候，陈怡还是懵懵懂懂的，在毫不知情的情况下被我的求婚告白给砸晕了头脑，那么这一次，她已经做好了完全的准备，要成为我的妻子，和我成为一家人。

在准备去酒店之前，陈怡和她爸妈在说话，他们说着说着，就哭了起来，陈怡的眼泪不停地往下淌，她爸妈也不停地擦眼泪。

看到陈怡和她的爸爸妈妈哭成一团，坐在旁边的我，那时候真的也特别感动，很想哭，可是我的情绪刚到位，我一回头，看到站在一旁的妹妹正冲我傻笑，我就一下子没忍住，张嘴笑出来。

那个时候，我们坐在一起，要拍一张全家福，但是，刚坐好，陈怡的爸爸妈妈就抱着她掉眼泪，我那时候就觉得自己不像是来接亲的新郎，倒像是来陈怡家，要把陈怡强行带走的人贩子。

然后，陈怡和她父母哭个不停，我在一旁被我妹妹逗得笑得停不下来，屋子里所有的人都看着我，但是我就是止不住，就是一直很想笑。这一幕就被拍照的摄影师照了下来，摄影师把我大笑的样子照得特别清楚，还一连照了好几张，正面、侧面、特写都有了。

后来，我们回过头，再看婚礼当天照片的时候，陈怡指着照片上大笑的我质问："你干吗笑得那么开心？"

"结婚，当然开心了。"我当然不肯承认自己其实在结婚的当天，一整天都是超级紧张，紧张到嘴唇都发白。总觉得是自己人生中最重要的时刻，想要以最好、最佳的状态来面对，不想出现眼睛红肿、状态不佳的样子。

在婚礼现场，司仪让新郎发言时，我握着话筒的手其实一直在抖，当时自己讲了什么，已经完全没有印象了，就觉得当时大脑特别乱，整个人又幸福，又轻飘飘的，就像一直踩在棉花糖上。

在我拿着话筒"胡言乱语"时，看到陈怡眼睛亮晶晶的，感觉随时会再哭出来，我也觉得自己喉咙发紧，赶紧说了几句，就把话筒交给了司仪，担心自己再说下去，真的会忍不住哽咽起来。

要是真的那样，新郎和新娘在台上抱头痛哭，我的爸妈和陈怡的爸妈估计也会被我们感染，在台下抱头痛哭，然后来参加婚礼的亲戚们也会被这样的气氛感染，那本来喜气洋洋的一场婚礼，大概要变成比哭声大小的比赛了。

不过，还好我控制住了自己的情绪，我和陈怡的婚礼就这样喜气洋洋地完成了，后来，我们聊起婚礼的事情，我和陈怡坦白说：“那一天，我真的是超紧张，担心哪里做得不好，在大家面前出丑。”

陈怡习惯性地打击我：“其实你做得也没有多好，你都没哭哎。”

“我本来在发言的时候都快要流泪了，可是你在一旁一直傻乐，我就一点也哭不出来了。”我看陈怡拿求婚的时候我对她的要求来要求我，不甘示弱地反驳。

“你少来，我哪有傻乐？”陈怡不承认。

“不承认也没用，反正我看到了。”我嘴巴上这样说，心里还是想对陈怡讲：希望你和我在一起的每一天，都能开心得像个二百斤的傻子。

希望你和我在一起的每一天，

都能开心得像个二百斤的傻子。

我家里人都很喜欢陈怡，结婚之后，我有一种家庭地位赫然下降的感觉，每次回家，我妈妈就会做很多陈怡爱吃的菜，妹妹也总是和陈怡一起玩，我就只能在客厅陪我爸喝喝茶，喝茶的时候，我爸也总会对我讲，让我对陈怡好一些的话。

在网上发布视频，下面的留言也是让我对陈怡好一些的话，其实我很想说一句，这话应该对陈怡说，毕竟在我们家，做主的是陈怡。

我们刚在一起的时候，我刚谈恋爱，常常不懂得怎么去照顾陈怡的感受，觉得两个人只要开开心心地吃吃饭、看看电影就是在谈恋爱。

那个时候，我整天想的还是和好朋友、好哥们儿出去玩，经常忽略陈怡，有的时候，因为一些小事，我们会吵几句嘴，我心里就会觉得有些烦，觉得女生怎么这么麻烦，心里想法那么多，猜也猜不透。

在一起的时间久了，我才明白，原来不是我在让着陈怡，而是陈怡一直在迁就我、包容我。

在婚礼的现场，陈怡的伴娘给我们送上祝福，她让我一定要好好对待陈怡，好好爱她，因为陈怡是个很好的女孩。

当时，伴娘说着说着，情绪就激动起来，大概是因为陈怡是她们好朋友中第一个结婚的，女孩子的心思总是很细腻，想要为自己的好朋友送上最真挚的祝福，也希望好朋友能够获得最温暖的幸福。

看到伴娘捂着嘴巴，泣不成声地送上祝福的时候，我特意看了看我的伴郎们，他们不是在拿手机拍照，就是对着我做鬼脸。

我低声对陈怡说："怎么感觉你的闺蜜们都有背稿子？讲得这么感人。"

陈怡当时已经被感动得眼眶红红的，她用眼神警告我不要再像在她家时那样突然大笑起来，破坏气氛。

我识趣地闭上嘴巴，用眼神暗示我的几个朋友，想让他们也起来发言给我和陈怡送上祝福，说上几句特别感人的话，不过，没有一个人接收到我的暗示。

后来，在为宾客们敬酒的时候，我朋友还给我找来了一大瓶酒，有把我灌趴下的态势。反正在婚礼这天，迎来送往的亲戚、朋友很多，我早就做好了要大醉的准备，想着一辈子就这么一次，怎么样也要尽兴才行。

就在大家围着我和陈怡，起哄要我们喝酒的时候，陈怡的朋友偷偷为我准备了一瓶可乐替代了红酒，我敬完酒之后，挺感谢陈怡的朋友。她说结婚的日子高兴一点是没错,可是喝醉了毕竟不好，还得陈怡照顾我。

我再看看我的那些朋友，一个个在旁边都玩得很高兴，根本没有要管我的意思，顿时觉得自己交了一帮损友。

那个时候，我真的是觉得男人心里都住着一个长不大的男孩，总是想着玩闹，而女人却很早就会成熟，懂得去照顾身边的人。起码，在我和陈怡之间，从表面上来看，是我在照顾陈怡，可是实际上，却是陈怡在照顾我，包容我所有的缺点。（勉强承认一次吧，哈哈哈哈）

这一点，我妈也是看得出来的，她常在私下和我说："不要总是惹陈怡生气，结了婚就要成熟起来了，不能总是以自己为中心。"

无论是在父母面前，还是在朋友面前，我基本上是个自说自话的人，觉得自己做的决定就是正确的，就一定要坚持的。和陈怡在一起之后，我们两个都是固执己见的人，常常为了一点小事争执不下。

很多时候，我们会吵得谁也不理谁，我不会试着去理解陈怡的想法，只是一味地怪她对我的要求太多。不过，我的脾气上来得快，下去得也快，气消了之后，我去找陈怡和好，她也总是不会多说什么，很快就和我讲和。

我常常会和朋友炫耀："我女朋友的脾气算不错的了，我们两个吵过架之后，她总是能很快就不生气。”

在最初谈恋爱的时候，陈怡在我心里，更多的是像一个好哥们儿那样的，打打闹闹，吃吃喝喝，我总觉得在一起能开心地笑，即便闹了矛盾，也不用太过在意，反正过两天，我们就又会和好了。

结婚之后，我们真正像一家人一样生活在一起，我才慢慢地学会如何去爱护自己所爱的人。

刚结婚的那几天，彼此之间的称呼要变成“老公”“老婆”，我总觉得叫这么亲昵，很难叫出口，会很不好意思。可是陈怡却很自然地改了称呼，我问她怎么不觉得不好意思，她奇怪地看了我一眼：“我们本来就是‘老公’和‘老婆’的关系啊，这有什么不好意思的？”

陈怡总是很自然地就能适应我们在每个阶段的角色，我们谈恋爱的时候，她会听我唠叨一些工作上的事情、朋友之间的趣事，会跟我一起玩闹、一起发呆。结婚之后，她会很自然地照顾我的生活起居，做家务，好像这些事情是她一直以来就在做似的，而不是像我这样，对于发生的一切事情，还后知后觉。

有一次，朋友到家里来玩，看到我和陈怡在厨房洗水果，他特别有感触地说道：“你们现在这个样子，真的很像一对结婚几十年的老夫老妻啊。”

“我们一向都很恩爱和谐啊，对不对，陈怡？”我在朋友面前嘚瑟，想赤裸裸地秀一秀恩爱。

陈怡没给我面子：“屁嘞，以前你常常气得我要死。”

“啊？不会吧？哪次不是你在骂我？”

“你忘了，结婚前有一次，就在客厅，你跟我吵架，气得我哭起来，都哭得抽搐起来了。”陈怡回忆往事。（哼！这个记仇的女人）

可是，我真的是一点都想不起来还有这样的事情，坚决不肯承认我把陈怡气得哭到抽搐起来的事。

“没有吧，我为什么要气你？”我追问。

“我也忘记为什么了，反正我那天哭得好凶。”陈怡洗完水果，端到茶几上，朋友看热闹地吃着水果，看我们两个翻旧账。

“你干吗哭得抽搐起来？”我搜索记忆，毫无结果。

“就是你跟我吵架！”

“那是因为什么事情？”

“我也忘记了。”陈怡对自己的坏记性很无奈。

“那肯定就是很小的事情，你小心眼儿放在心上，一个人躲起来，哭到抽搐起来，还要怪我喽。”我断言。

“我哪有躲起来？在你面前哭的。”

“在我面前吗？”我还是想不起来，“那我一定是跟你吵完架就出门了，所以，我现在一点也记不得。”

“没有，你在房间里，我哭的时候，你还对我讲：‘这么点小事情还要哭啊？还要哭得抽搐起来，哎哟，你到底知不知道自己错在哪里了……’”

陈怡学得惟妙惟肖，我朋友在沙发上笑得前仰后合，他不可思议地问我：“所以，你是一点也不记得这件事情了吗？”

“对啊，我不记得了。”我摊摊手，随后又补充道，“应该是一件很小的事情，她老是为了很小的事情跟我生气。”

“应该说我们总是为了很小的事情吵架。”陈怡总结道。

“噢，那你们现在蛮好啊，看来磨合期成功度过。”朋友说道。

我和陈怡恋爱的磨合期有多久，我自己也说不清楚，只是觉得在结婚之后，我就告诉自己要对陈怡很好很好，不能像在谈恋爱的时候，总是惹她不开心。总觉得一个女孩子把自己的一生交给了我，我就不能辜负这样的信任。

有人说情侣之间的感觉，不在乎时间的长短。有的人认识了一辈子，可是也像是陌生人；有的人认识了几个小时，却像是在一起了一辈子。

我和陈怡就属于后者，在一起的时间短短几年，可是，我们从没想过要离开对方去找更好的人。虽然，我们常常会因为一点小事吵架，但也不会因为生对方的气而想要离开对方。那种感觉真的很难用语言形容，就很像是电视剧里男主角在人海中第一次见到女主角，便知道她是自己的挚爱一样，陈怡对于我的人生来说也是这样，从我第一次见到她的照片，就很想要认识她开始，她就一直是我生命中的女一号，从来没有改变过。

我向陈怡告白：“你知不知道自己很厉害啊？”

陈怡不明白：“怎么厉害？”

“你在我的人物关系表上，排名No.1。”（没想到洋气的我也有说出肉麻情话的一天，哈哈哈哈）

“哎呀，老夫老妻了，干吗讲这么矫情的话。”

我：“……”

在家里整理东西的时候，从柜子里翻出了两双鞋垫，一双是我妈送给陈怡的，一双是陈怡妈妈送给我的。在当地，结婚的时候，双方父母送给新人一双新鞋垫，寓意是很美好的，可是，我看着手里的两双鞋垫，却有点五味杂陈。

我举着我妈送给陈怡的鞋垫：“你觉得这个怎么样？”

陈怡抬头看了一下：“很好看啊，很喜庆。”

我又举起了陈怡妈妈送给我的那双鞋垫：“那这个呢？”

陈怡咬着下嘴唇，看得出来，她在思索准确的形容词，我妈送给陈怡的鞋垫，上面有一个“喜”字，还绣着好看的喜鹊和花，但是，陈怡妈妈送给我的鞋垫，上面却是三个大字“除臭王”。

“你妈妈送的这个呢，讲究美观，我妈妈这个呢，讲究实用，”陈怡指着鞋垫盒子上的几个字念给我听，“你看，除臭、透气、舒爽。”

“可是，我总觉得有些受到伤害。”我撇着嘴。

陈怡云淡风轻地对我讲：“其实没必要在意那么多，毕竟我俩——很早以前就像老夫老妻了，我不会嫌你脚臭的。”

我好像受到了安慰，又好像被打击了，陈怡怼人的本领越来越厉害了。

我好像受到了安慰，又好像被打击了，陈怡怼人的本领越来越厉害了，

我觉得她当我的搞笑女一号，一定能够胜任。

我喜欢的样子你都有

有天晚上，陈怡在床上看电视剧，我在桌子边玩电脑，两个人非常和谐，互相不搭理对方。

“李云森。”陈怡喊我。

“干吗？”我头也没回。

“我饿了。”

“噢。”

“我——饿——了——”陈怡又说了一遍。

“冰箱里有吃的，自己去拿。”我话刚说完，感到自己后脑勺被枕头砸到。

陈怡做出一副伤心欲绝的表情，控诉我对她的忽略，和我提起刚谈恋爱的时候，我对她的关爱无微不至。

“那时候，我半夜说我饿了，你都会买好消夜，骑车送到我学校，可是现在，你连去厨房帮我拿零食的力气都不愿意费了。”

“是吗？那时候我还做过那么做作的事情啊？”我憨着笑，看着陈怡。

“对啊，果然别人都说，男人在结婚前和结婚后，是完全不同的两个样子，你这么快就暴露本性了。”

“好吧，好吧，我去厨房给你拿吃的。”我溜达到厨房，打开冰箱，里面除了饮料和一棵青菜，什么都没有。

“不如我们叫个外卖吧？”我掏出手机，打开外卖软件。

“你这样很不居家啊，这个时候，你不是应该去厨房给我下碗面，再煮一个鸡蛋什么的吗？”陈怡又想把我当电视剧的男主角培训。

“要不要吃？”我晃一晃手机，外卖软件里的食物图片成功吸引了陈怡的注意力，她过来和我一起选吃什么。

吃过外卖之后，陈怡摸着吃撑的肚皮，自言自语：“我们这样子是不是不太好？”

我问：“什么不太好？”

“我们两个好像越来越不在乎自己在对方面前的形象了，以前我要见你，出门前我总要想好久穿什么，化一个什么样的妆，可是我现在可以一整天不洗脸面对你啊；还有你，你以前可是下雨天也毫无怨言地出门去给我买消夜，现在呢？”

陈怡在追忆我们的恋爱史，她拿起镜子照来照去。陈怡一整天没出门，头发乱糟糟地扎成一个球顶在头顶，宽大的睡衣上一颗扣子摇摇欲坠，快要掉下来了。

大概是意识到了对自己的管理日益疏忽，陈怡有些不好意思地凑过来问我："李云森，你天天看我这样，不会烦吗？"

我托起下巴，做出一副很认真的样子打量了她半天，肯定地说："不会啊。"

陈怡有些受宠若惊，一脸意外地追问："可是……为什么啊？我看自己这副样子都会烦啊。"

"嗯——因为一个丑的人天天在我眼前晃来晃去，我会比较有优越感。"我的回答果然让陈怡大叫起来。

陈怡指着我，痛心疾首地说道："我就知道，你一向说不出什么浪漫的话，我还以为这次会有意外，果然——"

"虽然你很丑，可是我也喜欢你啊。干吗要不高兴？"我对陈怡说的是实话，但是她已经沉浸在我说她丑的打击中，对我视若空气了。

我用手指戳一戳陈怡，她瞪着我，气鼓鼓的："干吗？"

"你干吗突然不理我？"

"谁叫你说我丑？"

"你也可以说我丑啊。"

"你本来就很丑。"

"欸？我们刚谈恋爱的时候，你可不是这样说的哦，你那时候一个劲儿花痴，每天见到我就说我帅死了。"

我的话让陈怡没憋住，笑出声来，她底气不足地反驳："我哪有？"

"还不承认，我可都记得一清二楚。"

"是啊，是啊，你那时候很帅，哪像现在啊，邋里邋遢，每天还要我帮你收拾脏衣服。"陈怡又念叨我。

"我都说了，在刚谈恋爱的时候，还比较做作嘛，哪像现在这么自然，完全的原生态。"我把外卖盒指给陈怡，让她去扔到垃圾桶里。

陈怡拎着餐盒走到门口，我叫住了她："陈怡。"

"啊？又干吗？"陈怡回头。

"你现在头发乱成鸟窝的样子，我也喜欢，和喜欢你化妆时候的样子一样多的喜欢。"我对陈怡说道。（还是得适当地拍一些马屁）

"干吗讲这个？"陈怡抿着嘴偷笑。

"那不然呢？我讲一些老夫老妻的话？你不梳头的样子真的很……"我故意把嘴张到最大，陈怡冲我挥了挥拳头，出门扔垃圾了。

"可爱——"我冲她的背影轻声说道。

不知道为什么，我特别喜欢逗陈怡奓毛，每次看她被我逛到，像只小猫一样弓起背，准备咬人的样子，我就觉得很开心。

可能，我还是不够成熟，没有长大，灵魂里还是住着一个调皮的坏男生，看到喜欢的女生被自己气到跳脚，就会莫名地高兴。

我从来没有对陈怡讲过，我们这一路走来，我喜欢的样子，她都有。

我喜欢她站在林荫路下，等我等到无聊发呆的样子。

我喜欢她犯困又强忍着不睡觉，脑袋一点一点像啄米的小鸡。

我喜欢她在工作的时候，认真专注的样子。

我喜欢她，是从看到她的照片那一刻开始的，那个时候，心里还只是觉得这个女生看起来很舒服，其他的就没有想太多。后来，我们在一起之后，朋友问我是不是对陈怡一见钟情，不然怎么会没有怎么相处，就迅速在一起了。我想了想，其实，我还算是一个理智大过感性的人，我不会因为第一眼的惊艳或者是其他的原因就对一个女孩子一见钟情，我之所以和陈怡在一起，我想还是日久生情。

从我们在网上加了联络方式之后，我每次在网上看到她发布在 QQ 空间的动态，就对她的了解更多了一点点，就这样一点点地积累下来，我越来越了解她，也就越来越喜欢她，从遇上她到喜欢她，其实这中间有一个不短的过程。

最开始和陈怡在一起的时候，说不上我们谁追的谁，就很自然而然地在一起了，当时，我们的朋友都看出来，我对陈怡有好感，陈怡也不反感我，就总是把我们凑在一起起哄。

其实，最开始的时候，我对于喜欢这件事情，心里并不是很懂，就是很单纯地想要经常见到陈怡，见到了陈怡，我又不好意思多说什么，常常只是远远地看一眼就走了。所以，刚开始，我和陈怡在一起的时候，谈不上对她有多了解，我相信她对我也是一样的。

我自己也说不清楚是从什么时候开始，我越来越喜欢她，只是记得那个时候，接连高温桑拿天气的夏天，天气很闷热，我们每天都会出来见面，不知道该去哪里好，就约在喝东西的地方，两个人面对面，呆坐一个下午，其实也没多少话可讲，大部分时间就是我看看她，她看看我。

当时我可完全想不到，几年之后，坐在我对面这个女孩子，会穿上婚纱，成为我的新娘。如果有时光机的话，我一定会回到那个时候，去告诉呆头呆脑的那个自己，好好珍惜面前的这个女孩子，不要和她吵架，不要惹她生气，因为你不知道她将来会在你心里占据多么重要的位置。

我也会告诉那个时候的陈怡，不要太惯着面前那个家伙，他有很多的毛病和缺点，还总喜欢把你气哭，他之所以这样，就是仗着你喜欢他。所以，你一定要对他严厉些，再严厉些，不要让他的臭毛病一发而不可收拾。

不过，我知道，就算有时光机能够送我回到过去，陈怡也不会听我的，她和我的性格不一样，我常常直来直去，不是很顾及别人的感受，认为自己是对的，就一定要去做，要把心里的话讲出来。但是陈怡却是很柔和的性格，她会更照顾身边人的感受，她从我们刚谈恋爱的时候起，就一直在包容我。

和陈怡结婚之后，我最喜欢做的一件事就是在早晨醒来的时候，看着还在睡梦中的陈怡。我们在一起的时间越久，我就越发现自己对陈怡的了解不够。有人问我为什么和陈怡之间的关系总是那么甜蜜，没有烦恼。我说那是因为陈怡总是让着我，在我们的爱情里，陈怡看起来很柔弱，躲在我身后，其实是她给了我不断向前的勇气，让我能够在现实中继续努力，不会气馁。

身边的朋友，这些年来，我见到了他们的爱情分分合合，有的人谈了几段有始无终的恋爱，有的人始终遇不到适合自己的另一半。

我很幸运，能够在最好的年纪，遇到了最好的陈怡，我们从学生时代到进入社会，始终在一起度过。

我觉得这很难得，难得陈怡信任我，肯一直陪在我身边，难得我能够被陈怡如此信任，始终让我留在她身边。

结婚之后，我和陈怡之间的关系更融洽了，陈怡说是婚姻让我成长了，明白了做丈夫的责任。

我说让我成长的是陈怡，好的爱情会让人变得更加成熟，好的爱人会让自己想要成为更好的爱人。

我希望，我和陈怡能够一直这样美满地走下去，到一百岁也还是手牵手地互相拌嘴、互相嫌弃，但是要永远在一起，不分开。

如果不是你，我也不知道会是谁

那一刻，我心里有什么东西在生长，
像一颗种子，
在破土而出，慢慢发芽。
阳光刚好，时间刚好，
身边的人，也刚刚好。

每一次，我问，你爱我吗？你都不厌其烦地抱紧我，给我肯定的答案。谢谢你，我的，阿油。

你出现了，就再也没离开

说起来，我和陈怡第一次真正的旅行，应该是去哈尔滨那一次，当时，我有一个朋友约我去哈尔滨玩，我本来没打算叫陈怡一起去，因为觉得男孩子在一起玩，旁边跟着女朋友，会有些放不开。

但是，那阵子，陈怡总是和我闹脾气，觉得我对她很冷淡，我想让陈怡开心点，也想缓和一下我们两个人的关系。毕竟，我还是很希望陈怡和我在一起能够开开心心的，而不是整天在生气。

我们到了哈尔滨之后，我对朋友说："我们两个一起来会不会给你添很多麻烦？你不知道，我要是不和她一起来玩，她就闹脾气——"

"我没有闹脾气！"陈怡立刻反驳。

"和我生气——"我改口。

"我没有生气！"陈怡义正词严地纠正我。

朋友拍拍我的肩膀，笑着说："没关系了，有什么麻烦不麻烦的，人多一起玩会更热闹嘛。"

去到住的地方后，陈怡还在对我之前的那番话不满意："我没有闹脾气，也没有生气啊，你干吗那样讲？会让你朋友以为我脾气很臭啊。"

"你本来就有生气嘛，有什么不能讲？我以前和朋友出去玩，你不是就会好几天不理我吗？"

"那是因为你不回我电话，也不回我信息，我不是无缘无故因为你和朋友出去玩就不高兴。"

"可是，我和朋友在一起，总是打电话，不方便哪。"

"借口。"陈怡"哼"了一声，拖着箱子去整理衣服了，她一边整理衣服，一边自言自语，"就是懒得理我。"

因为我和朋友出去玩，不接陈怡电话的事情，陈怡和我提过好几次，她说我如果不方便回她电话，回一个信息也可以，起码这样，她知道我看到了她打来的电话。可是我每次嘴上答应得很好，等到出去玩之后，就把陈怡的话都抛到脑后了，照旧还是电话不接，信息忘记回。

有一次，我一个北京的朋友，约我去北京找他玩，我那段时间正好没有什么事情，也有时间，就买了票去北京。

去之前，我答应陈怡会每天给她打电话，发信息。可是到了北京之后，我朋友带我四处去逛，我们两个很久没见面了，就聊得很开心，我把手机扔在包里，压根儿忘记了答应过陈怡的事情。

晚上回到酒店，我看到手机上有陈怡打来的几通电话，还有发来的信息，问我到酒店了吗，玩得怎么样之类的话。

当时，我手机已经快没电了，我朋友兴致很高地说要再带我出去吃消夜，我想干脆吃过消夜再给陈怡打电话好了，就把手机留在酒店房间里充电，自己和朋友出去吃消夜了，那天一直到很晚，我才回到酒店，感觉特别累，就洗了澡，上床睡觉，把给陈怡打电话这件事忘记了。

在北京和朋友玩了差不多一个星期，我买了票回家，这期间，我都没有和陈怡联络，陈怡也很默契地没有再找我。

到了家之后，我还在奇怪，为什么陈怡这些天这么安静，好几天都没找我呢？我放下行李，收拾好之后，给陈怡发信息，发现了一个惊天的大事实——陈怡不知道什么时候在微信上把我拉黑了。

我一个人待在屋里想了半天，不知道该怎么办才好，给陈怡打了几个电话，虽然打通了，可是一直没有接听。我想陈怡是因为我在北京没有回她信息生气了。

我就给陈怡发短信道歉，说自己不是故意不回信息的，因为看过了信息之后，信息就成为已读信息，本来想要晚一些时候再回复，可是粗心大意就给忘记了。

短信发出去以后，我等了好久，陈怡没有理睬我。于是，我接着在短信上解释自己去北京和朋友玩得太开心了，每天都玩到很晚才回酒店，那个时间，我觉得陈怡应该已经睡了，就不方便再打电话。

陈怡还是没有理我，我陆陆续续给陈怡发了好多短信，终于，陈怡回复我了，她很简短地说我和她不合适，也许分开比较好。

当时，我有种被雷劈中的感觉，兴高采烈地从北京回来，好玩的事情还没来得及和陈怡分享，就被通知要分手了。

我想来想去，不愿意就这么和陈怡分手，我想陈怡是在生气我忽视她，所以，我特意找到陈怡的好朋友帮忙做说客，希望她能帮我劝劝陈怡，出来见我一面，让我当面把事情解释清楚。

陈怡的那个好朋友叫作静遥，是一个很直爽的女孩子，她早就从陈怡那里知道了我在北京玩过了头，不回复信息的事情，见到我之后，二话不说就替陈怡狠狠骂了我一顿。

“你骂也骂过了，可以帮我这个忙了吧？”我求静遥，我知道她和陈怡关系很好，她如果肯帮我说话求情的话，陈怡没准儿会再给我一个机会。

“我为什么要帮你？你总是让陈怡伤心，我觉得你还是离开她的好。”静遥不肯给我好脸色。

“可是我不想和陈怡分手，我知道自己这次不对，我以后一定不会了。”

“你保证？”

“我保证，我发誓。”我举起双手，诚意十足地保证，“我真的不是故意的，我以为她了解我的，我这个人就是这样啊，一玩起来就什么都忘了。”（陈怡批注：渣男！）

“拜托你能不能成熟一点？就知道玩玩玩，真不知道陈怡喜欢你哪一点。”静遥很了解陈怡的心情，她对我讲如果我不是认真地和陈怡交往，就不要去打扰陈怡，如果我想要认真地和陈怡在一起，就要好好地对待陈怡，不能敷衍她。

“干吗讲这么严重？”我觉得静遥有点小题大做了，谈恋爱哪有不闹别扭的？把事情讲清楚就好了。

每个人都有自己成长的速度，几年前的我还没有意识到自己当时的幼稚，可是那时的陈怡却已经发觉了我的不成熟。在我们这段感情最开始起步的阶段，我只顾着自己大步向前方跑去，完全没有顾虑到陈怡是否跟得上我。我甚至没想过要停下来等等她，只是不断回头对她喊：“快点跑啊。”

在我心里，不论我跑多远，只要一回头，陈怡就跟在我身后。可是在陈怡的心中，不论她跑得有多辛苦，看见的始终只是我的背影。我们两个人的恋爱频率总是调不到一个频道上去，所以，陈怡觉得和我在一起很没有安全感，她不愿意再这样下去了。

我很庆幸当时的自己坚持要陈怡再给我一个机会，我答应了静遥，见到陈怡会和她好好聊一聊。几天之后，静遥让我去陈怡家楼下等着，她去楼上把陈怡叫了下来。

没多大一会儿，陈怡一个人走下来，她看到我站在楼下的门口，没有说话，也没有朝我走过来。

“对不起。”我走过去道歉。

陈怡盯着脚尖，低着头若有所思的样子，我不知道她在想什么，是想原谅我，还是执意和我分手？

“真的对不起，我不是故意的，我就是……”我结结巴巴，不知道该怎么说的时候，却看到陈怡嘴角上扬，她笑了。

“算了。”陈怡大度地挥挥手。

对于当时的我来说，只是觉得能够和陈怡握手言和是件好事情，很久之后，我才渐渐明白，在爱情中，总有一方会付出得比较多，我和陈怡之间，就是陈怡在一直付出，不论我怎样胡闹，她都留在原地等我。

因为有了被拉黑的教训，所以我去哈尔滨的时候，就叫陈怡和我一起去，我当时想两个人出去旅行，可以放松一下，起码陈怡不会再联系不到我。在哈尔滨的时候，正好是夏天，南方的夏天特别热，但是哈尔滨的夏天很凉爽，那次是我们两个人第一次真正意义上的旅行，陈怡在整个旅程中都特别开心。（我带着陈怡玩了一个通宵，非常地疯）

玩到早上五六点的时候，陈怡指着地平线上还没升起的太阳，激动地叫我快看。

“日出嘛，又不是没有见过。”我快困死了。

“可是我们两个是第一次在一起看日出啊。”陈怡拽着我的胳膊，眼睛一刻也不离开太阳。

“是哦。”

“出来了，出来了，哇——”陈怡看着日出的过程，表情超级夸张，

“哈尔滨的日出好好看啊。”

当时我笑她傻，看日出都能看那么激动，突然，我感到一阵幸福。

在哈尔滨玩的那几天，我和陈怡难得地没有因为任何事情而争执，我如果要和朋友去别的地方，我也会主动和陈怡说，让她知道，如果是在以前，我有很大可能是等到陈怡打电话来追问才会想起交代自己去了哪里。

怎么说呢，那次哈尔滨之旅让我和陈怡之间的感情变得有些不一样了，从哈尔滨回到家之后，我先送陈怡回家，然后自己再坐车回家。看着陈怡上楼，身影消失在楼梯的拐角处，我心里忽然有些舍不得的感觉。

后来我常想，如果没有那次哈尔滨的旅行，也许之后的某一天，我和陈怡会因为某件小事的争吵而再次冷战，陈怡会再次把我拉黑，而我或许不会再去把她找回来，我们两个可能就会在各自的人生路上，渐行渐远。

因为在去哈尔滨之前，我们两人之间虽然很好，却是没那么好，可以好好地在一起，也可以好好地分开。

所以，我很感谢当时的自己，做出了带陈怡一起去哈尔滨的决定，让我们在不一样的城市中，看到了不一样的风景，让陈怡在我生命中出现之后，便没再离开。

我们在不一样的城市中，看到了不一样的风景，

让陈怡在我生命中出现之后，便没再离开。

刚刚好遇见你

周末看电视消遣，看到电视台在播放一部很老的片子，男女主角在邂逅之后，对彼此产生了好感，他们互留了联系方式，但因为不同的突发状况，联系方式都不见了，所以，他们虽然很思念对方，但是却无法找到对方，他们不知道其实他们离得很近，他们住在同一栋公寓里，可是两个人习惯一个出门向左走，一个出门向右走，所以他们总是没办法碰到。

“你觉得他们和我们像不像？”我问陈怡。

“你哪有男主角帅——”

“我是说——我们也是在刚见面的时候，就互相喜欢上对方了啊。”

“哪有啊，是还没见面的时候，你就喜欢上我了。”陈怡不肯承认，一定要坚称是我先喜欢的她。

“可是，你先主动和我表白的呀？”

“没有，那次我喝醉了，不记得自己说过什么了。”陈怡装傻，每次我提到这件事的时候，她就不肯承认。

我和陈怡在谈恋爱之前，可以算作熟悉的陌生人，因为彼此加了对方的 QQ 号，总是能够看到对方的动态，虽然没有聊过天，但是也会觉得有几分亲切感。

后来，在做了不聊天的网络好友大概一年多之后，有一次朋友叫我去 KTV 唱歌，我本来不想去，可是听我那个朋友说陈怡也会去，我就去了。那是我第一次见到了陈怡本人，当时房间里有很多人，大家抢着话筒，声音很吵，灯光也很昏暗，陈怡坐在两个女孩子中间，在和她们头挨着头说着什么，笑得很甜。

因为我和陈怡有共同认识的朋友，所以，我们那个朋友就介绍我们两个认识，大家初次见面，没什么话好说，互相打了个招呼，我就去找熟悉的朋友玩，陈怡和她的朋友坐在沙发的另一端，一整晚下来，我们两个都没再说一句话。

不过，我一直对那晚的陈怡印象很深，虽然我看不清楚她的脸，只是模模糊糊看到她手舞足蹈地和同学说笑着，当时就觉得这个女生傻乎乎的，看起来很可爱。

接下来，在元旦的时候，朋友又叫我去唱歌，我去了之后，看到陈怡也在，她也看到了我，低着头笑了起来。

那天，我们都玩得很高兴，大家都很兴奋，互相聊天、说笑，我们还点了几瓶啤酒，男生都喝了很多，女生也喝了一点点。

陈怡喝过一点酒之后，脸红红的，趴在她身边一个女孩子的肩膀上，样子像是喝醉了，我想问问她怎么样了，又觉得有些不好意思，当着那么多人的面，怕自己的关心被大家误会了就不好了。

正在我胡思乱想的时候，陈怡身边的女生忽然指着我问陈怡："喂，你要不要和他在一起呀？"

"好呀。"陈怡点点头。

我愣住了，不知道那个时刻是陈怡喝醉了，还是我自己喝醉了，我不知道陈怡为什么会突然那么回答，我一时有些不知道该怎么办才好。（她居然这么主动，哈哈，还是因为我太帅了）

周围的好多人都不再说话，大家都盯着我，等着我给出回答，我沉默了几秒钟，缓慢地吐出两个字："好啊。"（天大的便宜不要白不要，哈哈）

然后，我看到我和陈怡共同认识的那个朋友和陈怡身边的那个女孩子交换了一个奇怪的眼神，似乎得逞了什么计谋似的很开心的样子。

后来，我还追问过那个朋友，问他是不是知道我对陈怡有好感，所以故意挖这样一个坑，让我往里跳，因为陈怡当众说愿意和我在一起，我肯定会不好意思拒绝，自然而然也就答应了下来。

我那个朋友极力辩解，说他根本不知道我在说什么。不管怎么样，我和陈怡就这样很懵懂地在一起了，虽然当时知道了陈怡也喜欢我，我心里很开心，但是每天要忙很多事情，其实也没有多少时间见面，感觉我们两个还是像 QQ 好友似的，只是在网上聊的话比之前多了一些。

“你老实交代，是不是早就对我垂涎三尺，想要迫切得到我，才会让你的好朋友故意那样说？”我在结婚后,多次对陈怡“逼供”。

“想得美啊，我当时喝醉了，自己都不知道自己在说什么。”陈怡装糊涂。

“那你知道不知道你好朋友指的人就是我，还是你胡乱答应的？”

“我知道对面是你啊，”陈怡认真地点点头，“我知道是你，所以我才说的好啊，你是不是傻啊？”

“看吧，你知道是我，才爽快地答应，那你还说不是早就对我有意思？”（哼，做作的女人还不承认）

“我是给你一个机会，看你暗恋得太辛苦。”

在经过那次“醉酒表白”的第二天，我打电话给陈怡，问她想不想出去玩，她说好，然后我们就约在了公园见面。

“你想去哪里玩？”我问道。

“不知道，都可以，你定啊。”陈怡一副很好说话的样子。

我在来之前，就去网上查了第一次约会应该注意的事项，还记了几条可以让气氛放松的建议，于是，我对陈怡说：“那我们去寺庙看看吧？”

“你是说——庙？”陈怡有些不可置信地看着我，大概她没有想到我第一次约她出去玩，会去香火气十足的地方。

“对啊，就是我们城市的郊区，那里有座古庙很有名的，风景很好的，你以前没去过吗？很多人周末的时候会去的。”

其实，我完全是在信口开河，那座庙是我刚刚在网上查到的，看起来有些破破烂烂的，去的人应该不多，我之前从来没有听说过那个地方。

“我没去过啊，不过你说挺不错的，那就去看看吧。”陈怡被我的一番话勾起了好奇心。

女孩子都喜欢风景好的地方，在坐车去寺庙的途中，我想就算寺庙环境一般，毕竟是在郊区，周围有山有树，景色应该不会很差。

“你平时都喜欢做些什么啊？”在车上的时候，我觉得还是应该找一些话来聊一聊，不然会很尴尬。

“听音乐、看电影什么的，没什么特别喜欢做的事情。”陈怡话不多，眼睛总是看向窗外，我想她应该还在觉得不好意思。

于是，一路上，我就绞尽脑汁想各种话题和陈怡说，陈怡总是三言两语就打发了我，当我们终于到了寺庙那里的时候，我长长松了一口气，觉得如果再拖延一会儿，我会心力衰竭而昏过去。

那座寺庙真的很平淡无奇，没什么人，四周的景色也很普通，我原先假想的繁茂的树木、清秀的大山都没有，只看到四周一片光秃秃的，我不知道陈怡心里是怎么想的，我当时内心哈哈大笑，只有我们两个人真是太好了！

我随便指着四周，跟陈怡说：“我没骗你吧，这里很安静，空气很好的。”

“嗯，是还不错。”陈怡很给面子地没有当面戳穿我。

我们两个在庙里逛了一圈，又在附近转了转，我觉得很无聊，因为实在没什么可以玩的地方，我问陈怡：“听说这个庙求签很灵的，要不要试试？”

“求签？求什么？”陈怡问。

“求姻缘啊。”一个路过的游人突然插嘴，他像很懂的样子对我和陈怡讲，“这个庙求姻缘最灵了。”

“那要不要去求签？”我厚着脸皮问陈怡，陈怡看了看我，摇了摇头说算了，她不信这个。

然后，我们在寺庙外的台阶上坐下休息，陈怡拿出手机，笑着问我：“要不我们拍照吧，反正也没事情做。”

我当时暗暗骂自己真是笨，女孩子最喜欢自拍了，我居然没想到给她拍照，还带她一直在四处闲逛。

“好啊，我帮你拍。”我准备拿手机。

“我先帮你拍吧。”陈怡的眼睛亮晶晶，晃着手机。

“啊？”我很少拍照，上学的时候很不习惯对着镜头，总觉得浑身不自在，手脚都像被束缚住了似的。

“可以吗？我可以拍你吗？”陈怡似乎很有兴趣，我就点点头，按照她的指点，走到不远处的一棵树下，让她拍照。

那天，我们拍了一些照片之后，就坐上大巴车回家了，在路上，陈怡不停看着手机里的照片，指给我看：“你还挺上相的。”

“样子太傻了,还是删了吧。”我觉得照片上的自己呆头呆脑的。

“不会啊，很好看。”陈怡雀跃的表情被我看在眼里，她没留意我对她的观察，她的注意力都放在手机里的照片上了。

陈怡坐在靠窗的位子，下午的阳光还是很刺眼，陈怡整个人被包裹进糖果色的阳光中，嘴角一直挂着浅浅的笑容。

“是你好看。”我低声道。

“你说什么？”陈怡没有听清，抬头看了我一眼。

“没什么，我说明天要不要还出来玩？”

“好呀。”陈怡爽快地答应了。

我没再说话，陈怡也把手机放到口袋里，她托着腮帮子看着窗外，眼睛眯成了一条缝，不知道在想什么。

那一刻，我心里有什么东西在生长，像一颗种子，在破土而出，慢慢发芽。

阳光刚好，时间刚好，身边的人，也刚刚好。

喜欢你的1000个理由

我和陈怡刚谈恋爱的时候，因为两个人的性格都比较固执，发生矛盾的时候，谁也不会让着谁，陈怡虽然不会大声和我争，可是她低着头、不作声的样子，在我那个时候看来就是无声的抗议。

我总是喜欢把话说得很清楚，所以，那个时候有段时间，我总是和陈怡在吵架，后来我回忆那个时候，压根儿记不起我们在吵什么。

“那个时候，我们吵得好凶哦，怎么会有那么多东西让我们吵？”结婚后，陈怡想起刚谈恋爱的时候，我们唇枪舌剑的日子，还有些缅怀。

“我怎么会知道，都是你要和我吵。”我也不太记得我们谈恋爱的时候，为什么总是会吵架，当时心里很生气，觉得道理都在自己这边，可是事后再想，压根儿想不起来当时为什么会那么生气。

“怎么会是我？是你那个时候太不懂事，常常气我。”陈怡说着说着，忽然又笑起来，“不过，我们那个时候好像根本不懂得怎么谈恋爱，就像小孩子过家家一样。”

“可不是？高兴的时候就手拉手，不高兴的时候就扔东西。”

“别冤枉我啊，扔东西的那个人可是你，好不好？”陈怡还在对我把她的戒指扔掉的事情耿耿于怀。

提到那枚戒指，我也觉得有点遗憾。那应该算是我送给陈怡的第一件比较有纪念意义的礼物，那枚戒指是我们刚在一起不久之后，我买来送给她的，算是一个恋爱纪念物，陈怡很喜欢，整天戴着看个不停。

“又不值钱，整天当作宝贝一样。”当时，我还笑话陈怡。

“我喜欢，你管不着。”

“以后等我挣了钱，给你买枚钻石超大的戒指，你可以抱着它睡觉。”我这个牛皮吹出去没两天，就因为一点小事和陈怡吵翻了。

当时，天都黑透了，我记得那天挺热的，我和陈怡看完电影，我送她回学校的路上，我俩因为一两句口角都挺不高兴的。

公交车上没有开空调，热风从敞开的车窗灌进来，我整个后背都湿透了，黏糊糊的T恤粘在身上，我大力地扇着手里的一张广告传单。

到站点后，陈怡没和我打招呼，跳下公交车，径直朝学校里走去，我跟在她身后，心里烦闷得厉害。我们两个谁也没说话，一前一后地朝女生宿舍的方向走去。快走到宿舍楼下的时候，陈怡头也不回地说："你回去吧。"

"你这算什么意思？"我声音有些大。

陈怡脚步顿了顿，小声地嘟囔了一句："你觉得是什么意思就是什么意思。"

女生在吵架的时候，总喜欢说这些模棱两可，让人摸不着头脑的话，我拉着陈怡的胳膊，不让她上楼，让她把话说清楚。

"没什么好说的，明天也别再见了。"陈怡扭头就走。

"你干吗说这样的话？很伤感情的。"我拉住陈怡的胳膊，想和她再说几句话。（她这是在欲擒故纵吗？）

陈怡使劲甩开我的手。看着她的样子，我也很生气，正好我看到她手上戴着我送给她的戒指，当时，我也不知道是怎么想的，抓起她的手，把戒指摘了下来。

"你干吗？"陈怡想把戒指夺回去。

"你不是说我们之间没什么好说的了吗？也不用再见面了吗？那好啊，戒指也不要了……"（哼，我要开始欲擒故纵了！）

我原本是想吓唬一下陈怡，让她态度软下来，可是没想到自己没掌握好力度，胳膊向前一甩，戒指真的飞出去了。

戒指飞出去之后，我感觉空气凝固了几秒钟，陈怡迟疑的声音响起："戒指呢？你真的扔了？"

"我——我不是故意的——"我忙低头找。

"李云森，你很过分啊，你扔我的戒指。"陈怡快要哭出来了。

"别吵了，赶紧一起找啊，说不定还能找到，我觉得我没用多大力气,应该没扔多远。”我跪在草地上,像兔子一样把头拱在地上。

突然的意外事件，让我们顾不得吵架，蹲在地上，瞎子一样四处乱摸，找到宿舍快关门的时候，戒指还是没找到，我让陈怡赶紧回宿舍，答应她第二天一早再来找。

第二天一大早，我和陈怡又来到那块草地上找戒指，我们趴在草地上，找得腰酸背痛，可惜还是一无所获。

“戒指不会长翅膀飞了吧？”我捶着发酸的大腿，劝陈怡别找了，来来往往很多同学，看我们的眼神像看神经病一样。

“怎么会找不到呢？不应该啊——”陈怡还是低着头自顾自地找。

“也许被别人捡走了也不一定，大不了我再赔一个新的给你。”我一边拍裤子上的土，一边抱怨，“你要是不和我吵架，戒指也就不会丢了。”

“怎么是我要和你吵架，明明是你不好好和我说话。”陈怡还继续蹲着，不死心地找戒指。

“我哪有……”看到陈怡抬头瞪我，我知道再争下去又要吵起来了，就机智地闭上了嘴巴。

可能因为那个时候还不太习惯怎么去当人家的男朋友，再加上我的性格从来都是自说自话的，不太顾及身边人的感受，所以，那段时间，陈怡和我常常闹别扭，都是一些零零碎碎的小事，我扭头就忘记了，也不懂陈怡为什么要生气，只是把她的不愉快当作小女生在闹脾气而已。

我本来以为戒指丢了，陈怡会生我的气，我已经做好了被陈怡打入“冷宫”好几天的准备了，可是没想到，陈怡除了情绪低落之外，对我倒是格外开恩。

之后的好几天，陈怡一直牵挂着那枚从我手上飞走的戒指，我说要再去给她买一枚一模一样的戒指，但是被陈怡拒绝了。

“再一样也不是原来的那一枚啊。这枚戒指是你送给我的礼物啊，我不想弄丢它。”陈怡的话，倒是让我有些没想到，一枚不值钱的小小的戒指，会被陈怡当作很珍贵的东西。

戒指虽然没有找到，但是我和陈怡顺利和好了，我觉得戒指丢了虽然有点可惜，但也是一件好事，后来不久，我又送了陈怡一枚戒指，我觉得女生都喜欢漂亮的首饰，只要过一段时间，陈怡就会忘记那枚丢掉的戒指。

可是，陈怡一直对那枚丢掉的戒指念念不忘，最开始的时候，我并不能理解陈怡的这种“念旧”，可是，在结婚后，我渐渐懂了陈怡当时的想法，那枚戒指对她来说不仅仅是一个饰品那么简单，那是我们之间的纪念品，更是我对她的一个许诺。

没有进入社会工作的时候，我没什么钱，可也总是想送陈怡好看的礼物,因为我觉得女生对于收礼物这件事情都很喜欢。所以，我买来那枚戒指，戴到陈怡手上，还对她说以后一定会送她许多许多更好的礼物。

现在，我真的做到了自己当初说的那样，我有能力给陈怡买更漂亮的戒指，给她更好的生活，可是，陈怡对这些并不看重，她还是那个当初在校园的草坪上，和我摸黑找戒指的女孩子，她想要的，从来只有我而已。

“说说看，你喜欢我什么？”陈怡撒娇卖萌的时候，会问一些很傻的问题。

“你好看。”我脱口而出。

“太假，认真点。”陈怡拍我的头。

“好吧，你丑，显得我好看。”我很认真地回答，我看到陈怡又举起的拳头，赶紧拉住她的手。

在看周星驰的《大话西游》时，至尊宝和人无休止地争论一个问题:“喜欢一个人需要理由吗？”“不需要吗？”“需要吗？”“不需要吗？”……

我觉得喜欢一个人是不需要什么理由的，喜欢就是单纯地喜欢这个人而已，如果一定要附加上理由，比如：“喜欢你开朗”“喜欢你能干”“喜欢你漂亮”“喜欢你自信的样子”，等等。也仅仅是因为你所喜欢的人身上具有这样的特点，因为喜欢这个人，所以这个人的一切，都会成为你喜欢的理由。

所以，我和陈怡说:“我喜欢你，就只是喜欢你而已，没有理由，我给你打个比方，现在你 80 斤，很苗条，可是十年后，你变成一个胖子，我也还是喜欢你，不会因为你变得虎背熊腰就不喜欢你，你明白吗？”

“你的意思是，我喜欢你，不是因为你现在比较帅才喜欢你，等你老了的时候，脸上皱纹比沙皮狗还多的时候，我也依旧喜欢你。”陈怡果然很聪明，一点就通，虽然我觉得她拿我和沙皮狗作比较有些怪怪的，但是没关系。（因为我现在变得确实比她丑太多了）

陈怡有一条微博是这样写的：“每一次，我问，你爱我吗？你都不厌其烦地抱紧我给我肯定的答案。谢谢你，我的，阿油。”（啧啧，真肉麻！）

我知道，在我和陈怡的爱情中，我做得一直都不是很好，我这个人十分粗线条，嘴巴又很硬，常常惹陈怡生气还拉不下脸面去道歉。但是，陈怡却肯一直陪在我身边，等我成熟，等我真的长大。

喜欢一个人，可以有很多的理由，10 个、100 个、1000 个，只要和她有关，都可以成为喜欢的理由。

喜欢一个人，也可以毫无道理可讲，只因为是她，就足够了。

喜欢一个人，也可以毫无道理可讲，

只因为是她，就足够了。

躲进你心里的角落

我喜欢的一部美剧《生活大爆炸》里，科学怪才谢尔顿脾气固执又搞笑，常常把朋友搞得鸡飞狗跳，不过，他对他女朋友的感情，我还是很喜欢的。在追了这么多年之后，他终于要和女朋友艾米结婚了，看着他们穿着西服和婚纱的样子，我有一种仿佛看到好朋友结婚的幸福感。

我很喜欢谢尔顿对他女朋友艾米说过的一句话："我擅长很多事情，可是忘掉你并不是其中一件。"

对于我来说，我不够聪明，也不够优秀，我对很多事情都不擅长，经常笨手笨脚的，会搞砸很多事情，但是在喜欢陈怡这件事情上，我一直都坚持要做得更好。

我对女孩子的心思不是很懂，陈怡总说，我们刚在一起的时候，她经常觉得自己不是我女朋友，是我的哥们儿，我们总是在一起吃吃喝喝、打打闹闹，可是两个人之间就是少了那么一点情侣之间的互动和情趣。

“关系铁，一辈子嘛，干吗总要搞得那么肉麻。”我以前常常会这么说，我不擅长做一些浪漫的事情，也不会说一些肉麻的话。

和陈怡刚在一起的时候，我们见了面常常不知道该做什么，又没什么话题可聊，我就想了一个办法，去网上查别的情侣在一起时都会做什么，按照搜索出来的内容，我“生搬硬套”地和陈怡做了一遍。

“那个时候，你为什么那么喜欢带我轧马路啊？”陈怡后来终于忍不住，把当时不好意思问出口的话问了出来。

“我在网上查的，说情侣一边轧马路，一边谈心，会很放松。”

“那我猜网上没说是在下午三点钟去轧马路吧，你知不知道，那个时候，我都快被晒化了。”

“你当时又不说，我怎么知道，我还以为你很喜欢呢。”

“我才不喜欢，走那么长的路，我的脚都疼死了，你步子又迈得那么大，我得小跑才能追得上你。”陈怡的话让我啼笑皆非。

“你早说啊，我也是怕晒，才走那么快，想快点走到树荫下嘛。”

“还有啊，你那时候老叫我和你去放风筝，你很喜欢放风筝吗？”陈怡又问我。

“没有啊，这个也是我在网上查的，说两个人一起放风筝，会觉得很浪漫。”我再次老实交代。

“哪里浪漫，一直仰着头看天，还要跑来跑去，累死了。”

"那你当时怎么不说？我放风筝的时候，你还一直在旁边貌似很高兴地夸我放的风筝又高又好。"

每次我问陈怡要不要去放风筝，陈怡总是很踊跃地说去，我以为她很喜欢放风筝，每次放风筝总要放好几个小时才回家。

"很无聊的好吗？我当时以为你很喜欢放风筝啊，就想着说陪你去好了。"

"感觉我们两个当时都有点蠢啊。"

"是有点。"陈怡也承认，刚开始在一起的时候，我们两个人总是觉得不自在，可是又都不想让对方看出自己的尴尬，就努力做"演技派"，我总是会提醒陈怡多喝水，多加外套，上学路上注意安全，等等。而陈怡也总是一副很乖巧、很懂事的样子。

那个时候，我们两个在一起，都在尽力扮演着一个更好的自己，我演暖男，陈怡演小公主。

没有事情的时候，或者周末，我们经常约在快餐厅或者咖啡店，点一杯喝的，各玩各的手机，有时候，不知道该说什么，就讨论一下手机新闻上的国际新闻什么的。

"说老实话，那个时候，你真的在看新闻吗？"后来，陈怡问我，她说自己其实一直在心里盼着我跟她说话，但是我的头一直低着，手里拿着手机，打字打个不停，她觉得我有很多事情在忙，也就不好意思打扰我。

"其实，我是在乱打一些东西，那时候心里很害羞嘛，我不想让你觉得我不会聊天，又不知道和你聊什么好，就只好装样子。”

“我们那个时候好做作啊，我那时候一直以为你事情多得很，忙得要飞起来，都不敢出声，怕打扰你。”陈怡吐吐舌头。

“你还不是一样，不管我提议什么都说好，还总是扮柔弱，谁知道你是小公主的外表，母老虎的灵魂？”

“我哪有像母老虎？”陈怡不承认。

“你现在就像啊。”

“你再说一次。”

“你看，你看，发威了。”

陈怡：“……”

我和陈怡恋爱之后，随着时间一点一滴逝去，我们各自隐藏的缺点也就随之暴露了出来，两个人的性格都硬，我是有不高兴的地方，当面就会讲出来，陈怡是把闷气憋在心里。

所以，到了恋爱后面的时候，我们两个经常吵架，虽然每次都是很快就会和好，可是吵起来的时候，也是会真的生气，我会觉得陈怡和刚谈恋爱的时候完全不一样了，一点也不讲道理，还和我冷战。而陈怡觉得我一点也不体谅她，完全没有刚在一起的时候那么温柔和懂事。

陈怡在大学快毕业时，问我将来怎么打算的。

当时杭州有一个很好的机会，我考虑去那里发展，我对陈怡实话实说，问她要不要和我一起去杭州，陈怡犹豫过，她觉得离家很远，怕自己会想家。

我没有勉强陈怡，答应给她时间考虑，至于我自己，首先考虑的只能是更好的工作机会，毕竟面包充足了，才能给爱情更多的保障。

陈怡很快告诉我，她和我一起去杭州，我很高兴陈怡能做出这个决定，也很心疼她会为了我，选择远离家人，远离家乡。所以，那段时间，我们之间的关系难得很和谐，我收敛起了自己的脾气，陈怡也更加依赖我。

刚搬到杭州的时候，我和陈怡有天晚上，不知道为了什么事情又吵了起来，那时候，我们已经很久都没怎么吵过架了，不知道怎么回事，那天晚上吵得特别凶，我们两个从家里一直吵到楼道里。

陈怡跑着下楼，我跟在她屁股后面，嘴巴里还喋喋不休的："喂，你别走啊，把话说清楚，到底谁错了……"

我们两个穿着睡衣睡裤，脚上还套着拖鞋，站在小区里你一句我一句地争个不停，后来想起当时的样子，觉得很可笑。我和陈怡叉着腰，像两只战斗公鸡一样仰着头，面对面站着，谁也不服谁。

陈怡吵不过我，生气地掉头就走，我去拉住她："这么晚了，你要干吗去？"

"离家出走，你别管我。"陈怡当时也是很有胆量，穿着一身睡衣，身上一毛钱也没有，只攥了一部手机，就放话说要离家出走。

我当然不可能让她那么晚一个人走出小区，她又什么东西都没带，我就赶紧追上去拉住她。

“吵架归吵架，你别瞎跑啊，深更半夜的，遇到坏人怎么办？”（其实当时我喊的是：站住，别跑！）

“你这个坏人先让开。”陈怡在气头上，横竖不听劝，认准了小区大门的方向，死活要往那边奔。

我左拦右拦，跟打篮球盯人防守似的挡着陈怡，她趁我不备，一弓腰就从我胳肢窝底下钻过去，脚底生风地猛跑。

我紧追不舍，陈怡边跑边回头凶我：“别跟着我。”

“你不跑我就不跟。”

绕着小区操练了几圈，陈怡跑不动了，她忽然站住，回头定定地看着我，我也累得够呛，心想这次吵架也是吵出了新境界，还带体罚的。

陈怡向前走了一步，我以为她是想要和我好好沟通一下，就也准备走上前去，没想到陈怡忽然一弓腰，把一只拖鞋拿到了手里。

“你干吗？”我以为陈怡脱鞋子是想砸我，我还下意识地向后躲了一下。

没想到，陈怡把拖鞋扔到了一旁的草地上，然后一只脚光着，一只脚套着拖鞋，又向前面跑去。

我有些愣神，一时之间搞不清楚陈怡突然的举动有什么用意，等我反应过来的时候，陈怡已经跑远了，看着她一溜小跑的背影，我差点被气笑，还跟我玩声东击西。

我追过去拦住她 :“你扔自己的拖鞋干吗？”

陈怡别别扭扭地低着头，小声说道:“我以为你会去捡鞋子。”

我当时都有些怀疑自己的耳朵，是不是听错了，仔细盯着陈怡的脸，看她的表情，问她 :“我又不是狗，干吗要去捡鞋子啊？”

“你不是吗？”陈怡反问，我看得出来，她在憋笑，大概她也意识到了自己情急之下的举动太白痴了。

“我是吗？”

“你不是吗？”陈怡这个时候已经笑起来。

“我是吗？”我挠陈怡的痒，她一边躲，一边笑着往楼上跑，我就追在她身后，顺利把陈怡带回了家里。

后来，我们因为这件事笑了很久，肚子都笑疼了，吵架的事情也就自然而然过去，我们也就和好了。

“我们以后别总是吵架，好不好？”陈怡要求我。

“好啊，只要你不和我吵，我就不和你吵。”

“明明是你总要惹我生气。”

“那你就不要生气喽！”

“你惹我不高兴，我怎么可能不生气？”

我觉得再讨论下去，新的一轮争吵又要开始了，便放弃抬杠，对陈怡讲道：“I love the way you soften my life.”

“啊？”陈怡愣住了。

“这都听不懂？”我故作嫌弃状，等着陈怡来追问我，结果，陈怡完全没在意，她继续捧着手机看剧。

女孩子总爱胡思乱想，我觉得和她们爱看各种偶像剧有密切关系，我凑上前看了几眼，打算了解一下陈怡最近的精神世界。

总是穿着深色大衣，一脸高深莫测的男主角，与那个扎着两个辫子，总是傻乎乎的女主角不是莫名其妙地偶遇，就是莫名其妙地错过。

“好看吗？”陈怡和我讨论。

“还行吧，就是腿有点短，脸也有点大，和你的脸型有点像……”我说着说着，感觉到有了“杀机”。

“我是说——”陈怡一字一句地说道，“剧情好——看——吗？”

“噢——”我直起腰，“这二十分钟里剧情有发展吗？他们不是一直在路上各自遛弯吗？”

“这是在寻找彼此，寻找，懂吗？”陈怡放下电脑，认真给我科普偶像剧。

“为什么要寻找？有什么事情，打个电话不就好了？”我不理解。

“算了，从我眼前消失。”陈怡无力地摆摆手。

我用力把陈怡的头发揉乱，她跳起来要打我：“干吗弄我的头发？”

我笑着跑开，心里又想到了那句“I love the way you soften my life”。这还是《生活大爆炸》里谢尔顿说过的一句话。

I love the way you soften my life.

我爱你，你的出现，让我的生命温暖如春。

I love the way you soften my life.

我爱你，你的出现，让我的生命温暖如春。

你和我，就是旅行的意义

我和陈怡喜欢旅行，我们是因为一次短暂的旅行，才让彼此之间的心靠得更近，所以，陈怡总是会找机会，要我和她去旅行。我也挺享受在路上的感觉，觉得能够见识到各处不同的风景，是一件很好的事情。

不过，出发前的准备却是很麻烦的事情，我一向做不来整理东西和收纳箱子这些事情，会觉得很烦。所以，每次我们出去旅行，这些事情就全部归陈怡负责打理了。

“这个防晒喷雾要不要带？”陈怡在一开始，总是会问我这个要不要带，那个要不要拿，问得多了，我就有些不耐烦了，让她自己看着做决定。

可是，出门之后，我们又总是会因为东西带得不全而拌嘴。有一次去海岛，天气很热，我让陈怡把防晒喷雾拿出来。

“我没带。”

“这么晒，你为什么不带防晒的东西啊？这是必需品啊！”我质问道。

陈怡也开始辩解：“箱子里塞不下了，我问过你不带防晒品，到机场买可以吗？你当时说随便啊。”

“可是，我们下了飞机，你没有买防晒喷雾啊。”

“又要认路，又要叫车，我忘记了嘛。”陈怡觉得很委屈，把头扭到一边不肯再和我说话。

同行的朋友看到我们两个状况不太好，赶紧上前劝解：“算了，算了，到超市去买一个就好了。”

“防晒喷雾能有多大呢，随便塞一塞不就放下了？”我还在说，朋友给我使眼色，我也没管。

陈怡没有看着我，眼睛看着前方，嘴巴里念着：“收拾东西的时候什么都不管，出了门就要求这个，要求那个。”

“你发什么脾气啊？我是在和你讲道理啊。”

“你明明是在怪我，你每次都这样，在家的时候什么也不管，都说随便，好啊，出了门就怪我这个没做好，那个没做好。”

“我没怪你啊，我只是说这件事情嘛。”我没想到陈怡会有这么大反应，我的心情也就变得不是那么好了。

朋友看到我们两个快要吵起来了，就赶紧转移话题，他拽拽我的衣角，故意埋怨我：“李云森，你自己懒得收拾东西，别总说陈怡。”

“就是。”陈怡看到有声援者，腰杆挺起来了，开始和朋友“申冤”：“每次出门前都拖拖拉拉的，这次要不是我催着，肯定又要耽误飞机了。”

“明明是你在化妆，卷头发，做造型，弄了好久，怎么是我拖拉？”我反问。

“是你在镜子前不停地试衣服、试鞋子，我为了等你，就补个妆啊。”

“是我为了等你化妆，才试衣服、试鞋子打发时间啊。”我和陈怡两个人越争越起劲，都认为磨蹭的是对方。

“行了，行了，都别说了。”朋友大概是被我们吵得头大，公正地说了一句，“我看是你们两个人都磨叽，都浪费时间。”

说起来，我和陈怡的性子都不算很急，我们总是觉得时间还早，可以在出发前再去做点别的事情。所以，我们收拾好行李，准备出门时，时间其实还很充裕，但是，在门口换衣服、换鞋子就可以折腾很久的时间。

十次出门，大概会有九次，我们会很狼狈地在机场或者火车站狂奔，然后在最后一分钟跳上车，出门前精心打扮好的造型，也全都白做了。

通常那个时候，我就会习惯性地埋怨陈怡，怪她没看好时间，害得我们差点耽误了行程。每次我说这话的时候，陈怡也会和我争论起来，说是因为我搭配衣服，打扮时间太久了才耽误了时间，不过，更多时候，她总会心很大地说道：“反正也赶上车了，别说那么多了。”

陈怡总是这样无条件地迁就我，不管我干什么，说什么，她都不和我计较，所以，我也就被她宠得越来越嚣张。一遇到不顺利的事情，就会习惯性地把责任推到她头上，而陈怡也不会多说什么，反倒是我们有时同行的朋友会看不过去，说我太大男子主义了，一点也不知道让着女孩子。

其实，他们不知道，我没有什么大男子主义，我只是太习惯于去依赖陈怡，觉得有陈怡在我身边，我就可以放心大胆地偷懒。

“陈怡，我的水杯放在哪儿了？”

“陈怡，该往左走还是右走啊？”

“陈怡，这边有什么好吃的东西吗？”

“……”

就是很习惯去问陈怡这些很琐碎的事情，有时候，她自己也不清楚的话，我就会唠叨她。其实，我没有和她生气，也没有在怪她，我只是随口说几句，因为我在内心深处认为，不管我怎么胡闹，陈怡都会包容我。

因为防晒喷雾的事件，陈怡有好几个小时都不理我，我们吃午饭的时候，陈怡递给我一个罐子，是瓶新买的防晒喷雾。

朋友在一旁笑我：“我看没有陈怡的话，你出了远门，真的是什么都搞不定，真不知道你们以前旅行那么多次，陈怡怎么受得了你。”

我凑近陈怡：“其实我还好吧？”

陈怡没说话，我接着和朋友说道：“以前我们出去旅行，东西带得都很少的，一个包就够了，不知道现在怎么东西越塞越多。”

“还不都是你的东西多，出门几天，要带那么多衣服，当自己是超模啊？”陈怡又趁机说我。

我也不甘示弱：“你的箱子更大，塞得更满吧，我箱子里有一半地方都是放着你的化妆品，臭美。”

“好了，好了，你们两个都臭美。对了，你们第一次出去旅行是去哪里啊？”朋友随口问道。

“哈尔滨——”我正准备和朋友追忆那次旅行经过，陈怡打断了我的话。

“是福州了，什么哈尔滨。”

“嗯，福州吗？是我们两个人一起去的吗？”我有点怀疑，因为我对陈怡口中的这趟旅行一点记忆都没有。

“对啊，”陈怡瞪大眼睛看着我，“你不记得了？”

“什么时候？”我开动脑筋回忆，我和陈怡去过的地方很多，但是我都有记忆，可是对于福州却是一点印象都没有了。

“就是我们刚在一起的时候啊，我们想着去哪里玩好，就说去福州吧，不算很远，离家比较近。”

“不会吧？刚在一起的时候，我们怎么会跑到福州去？为什么要去那里？”我有点晕了，完全没有印象。

“去玩啊，我和你两个人去的。”陈怡被我的烂记性气坏了。

朋友坐在一旁，看热闹地捧着一杯果汁喝，看我和陈怡在围绕是否去过福州这件事说个不停。

陈怡坚持我们刚在一起的时候，因为大家都还有点不好意思，在一起的时候不知道玩什么好，能聊的话题又都聊光了，于是，就商量着要不要去别的城市玩一圈。

但是，我对陈怡的这个记忆表示怀疑，我对福州之行一点印象都没有，陈怡说我们去了福州两天，逛了逛公园，去商场吃了饭，看了电影，然后我还说福州不是很好玩之类的话，然后我们就回家了。虽然陈怡说了很多细节，我还是想不起来。

朋友都替我着急起来："你年纪这么轻，就得健忘症了？去过的地方怎么可能完全没印象呢？"

陈怡也懒得再和我费口水了，低头自顾自吃起了东西。

我给自己找台阶下："我知道了，一定是当时玩得太没意思了，你也说了，我们逛逛街，看看电影，我还说不好玩，那肯定是没有什么快乐的回忆，所以我才不记得。"

"切。"陈怡不以为然。

"所以，你们当时就是随便逛了逛就回来了，很无聊喽？"朋友问道。

"很可能是，不然我一定会记得，有趣的事情我肯定不会忘记了。"我这样说的时候，看到陈怡在一旁冲我噘嘴。

和我的粗线条相比，陈怡的确是细腻很多，她记得我们恋爱过程中的许多细节，比如天气如何，穿的什么衣服，吃的什么东西，她都能随口说出，好像我们的恋爱经过就像是一部每天在她脑海中播放的电影一样。

“我也不是故意要记住这些事情的，就是发生了之后，好像就印在了心里，哪像你啊，没心没肺。”陈怡戳我脑门儿。

“你记得就行了，你记得就相当于我记得。”我又开始耍赖。

朋友把头扭到一边：“受不了你们，又开始撒狗粮了。”

以前看过一个笑话，说两个人一起出门旅行，有一个人负责订票、订酒店、订餐厅、收拾行李、问路等各项事情，而另外一个人就负责当智障。

我就是那个跟着陈怡的“智障”，什么都不用去想，只要和陈怡在一起就好了。有人说：“最好的爱情，是你在笑，我在闹。”我觉得最好的爱情是你无论去哪儿，我都无条件地跟随，永不后退。

两个人在一起，不论去哪里旅行，都能看到最美的风景，最好的景色永远在路上，我和陈怡还会去世界上更多的地方，去看更多的景色，去爬更多的山巅，我们所追寻的意义，就是我们会永远在一起。

两个人在一起，不论去哪里旅行，

都能看到最美的风景。

小情书

“我有没有为你做过什么让你很感动的事情？”陈怡快过生日的时候，我准备礼物准备到头大，不知道送她什么好，就想旁敲侧击问问看陈怡喜欢什么。

“没有。”陈怡回答得很干脆。

“不会吧，那我起码应该做过几件让你觉得浪漫的事情吧？”陈怡的这个回答让我有点受伤，我接着问。

“也没有啊。”

“怎么没有？”

“那你说你做过什么事让我感动过？”

“……”我无言以对。

这个话题搁置了一个上午之后，下午我正在上网，陈怡跑来，像发现新大陆似的叫道：“我想起来了，想起来了。”

“什么东西想起来了？”

“你为我做过的浪漫的事情啊——”陈怡绘声绘色地讲了起来，

“你记不记得有天晚上下着大雨，我说我想吃点心，你就问我：‘要不要我买给你呀？’我就很高兴地说：‘要啊，要啊。’没多大一会儿，你就给我打电话，说你买到了那种点心，骑车送到了我家楼下，当时我很感动的。”

“嗯……”我记得那一次，当时外面下着大雨，我和陈怡用手机聊天，她说她想吃点心，我就随口问了一句要不要我买了送给她，我本来以为外面雨下得那么大，她一定会说不用了，谢谢之类的话，没想到她那么直接，很干脆地答应了。

“其实，当时我很想撤回我那句话，要不是我们刚在一起没多久，我还想要维护一个男朋友的良好形象，我一定不会去做那么肤浅的事情。”

看到我实话实说，陈怡也紧接着说道：“那个时候我就想对你讲了，我说想吃点心，你就只买一个给我，太小气了。”

“大晚上吃甜点，还想吃多少啊，我是怕你长胖，为你着想啊。”

“你得了吧，刚才还说压根儿没想给我送，肯定是在送点心的路上，心里偷偷地骂我好几遍了吧？”陈怡拿抱枕砸我。

“我就只做过这一件让你感动的事情啊？”我让陈怡再好好想一想，我和她谈恋爱这么多年，肯定还做过别的浪漫的事情。

陈怡想来想去，无非都是一些我去给她送吃的之类的事情，我们两个各自总结了一下，在我们的爱情中，我的人设是非常不浪漫，陈怡的人设是吃货。

既然陈怡想不起来她会为什么事情而觉得浪漫，那我就只好让自己好好想一想，送什么样的礼物陈怡会觉得惊喜。

陈怡的性格一向都是平平淡淡的，她没有什么特别讨厌的人和事情，也似乎没有什么特别喜欢的人和事情。以前谈恋爱的时候，我总是忘记了陈怡的生日，陈怡虽嘴上说不开心，但是过一阵子就忘记这件事情了。

对于陈怡来讲，爱是一种陪伴，不是什么贵重的礼物可以替代的。我和陈怡在逛街的时候，我会问她："要不要买什么东西？"

"不用啊，你陪我到处逛逛就好。"陈怡总是这样回答。

所以我想，我送一条钻石项链和送一张电影票的效果，在陈怡那里大概都差不多。怎么样才能送出一个让陈怡觉得我是用心挑选的礼物呢？我那阵子真的是快要想破了头，还找了朋友询问。

"你觉得我送陈怡什么生日礼物会比较好？"我问朋友。

"红包。"

"太俗了吧，很没有诚意。"我不满意。

朋友一脸奸笑地把手朝我伸过来："我不嫌俗气，也不嫌没诚意，反正我生日也快到了，还差九个月，不如你先……"

"先你个头啊，走开了。"我推开朋友，觉得还是自己想比较靠谱。

我和陈怡在一起的第一年，她过生日的那天，我们正好在坐飞机赶行程，我累得要命，闭着眼睛，睡得迷迷糊糊的，感觉到有人在和陈怡说话，我睁开眼睛，看到一个乘务员正笑眯眯地对陈怡说："生日快乐。"

我当时心里升起疑问：怎么？今天是陈怡的生日吗？为什么我会不知道？乘务员居然会给陈怡庆祝生日——

"谢谢。"陈怡一边羞涩地对乘务员道谢，一边伸出手替我擦掉刚才睡觉时挂在嘴边的口水。

"哇，今天真的是你的生日啊？"我很惊讶地问陈怡。

乘务员祝福完之后就离开了，陈怡收起笑容，继续趴到小桌板上闭目养神："对啊，今天我生日。"

"我怎么不知道？你怎么不告诉我啊？"

"你又没问我啊，我突然告诉你今天是我的生日，你会觉得我是在向你要礼物的吧。"陈怡说道。

"不会啊，你提前告诉我，我会给你准备蛋糕啊，不过，陈怡，你今天厉害了，居然在飞机上有人给你庆生。"我还在持续惊讶中，以前坐飞机从来没遇到过这样的情况。

我越说越激动，睡意也跑走了，但是我当时觉得很奇怪，陈怡一直没怎么理睬我，把脸扭在一边不说话。

一直到我们下了飞机，我才反应过来，问陈怡："你今天是不是一直期待我突然给你送生日礼物啊？"

"对啊，我以为你知道我今天生日啊。"

"我不知道啊，你又没告诉我，我怎么会知道？"我对日期的概念很模糊，连自己的生日都记不住。

“别人谈恋爱，男朋友都会知道女朋友什么时候过生日啊。”陈怡终于把憋在心里一天的委屈都说了出来。

“这不是你和我在一起过的第一个生日吗？我下一次肯定会记得的。”我保证第二年的时候，一定能够记得陈怡的生日。

第二年，陈怡大概是怕重蹈上一年的覆辙，她干脆在生日前几天提醒了我，我说：“提醒我干吗，我当然是牢牢记在心里了。”

陈怡说：“那还差不多。”

其实我真的差一点又忘记了，我不太习惯做这些为别人庆祝生日、庆祝纪念日的事情，觉得很刻意。

现在到了我们在一起第三年的时候，陈怡过生日时，我早早就在想为她准备什么礼物好，想让她过一个有意义的生日，毕竟我们要从情侣变成夫妻了，还从两个人变成了三个人，我觉得陈怡的这个生日一定要很有纪念意义才行。

倒是陈怡淡定了许多，她似乎把自己要过生日的事情给忘记了，每天自己忙自己的事情，一直到她生日的前一天，她都没有提醒我她要过生日了，也没有给出过任何暗示，我觉得好奇怪。

到了陈怡生日的那一天，我带她出门去玩，我说：“今天你生日，我们去吃点好吃的好不好？”

“噢，你还记得啊？”陈怡笑得很开心。

“我当然记得了，我还以为你自己把自己的生日给忘记了呢。”

“我也记得啊，不过我觉得庆不庆祝都无所谓了。”陈怡虽然这样说，但是手指还是很诚实地在手机上搜索有什么美食。

“怎么突然这么好讲话？以前我忘记你的生日，你脸臭了一天。”

“因为过一次生日就要老一岁，我不想让自己面对这个现实。”陈怡噘着嘴巴，脸上的神情很凄苦。

“呵，女人——”我终于明白为什么歌里会唱女孩的心思你别猜，真的是猜来猜去也永远不会猜到她们真正的想法。

那天，我带陈怡去商场买了她喜欢的面膜，还吃了很多好吃的，又逛到天黑才回到家里，陈怡很满足地夸我表现不错。其实，她不知道，真正的生日惊喜，我还没有揭晓呢。

洗过澡后，我故作淡定地叫陈怡去卧室，陈怡看我脸上藏不住的得意，猜到我会送她大礼。

“不要太惊喜哦，我怕我会受不了。”陈怡在进卧室前说道。

“你去看看就知道了。”

我把放礼物的地方指给陈怡看，陈怡打开看了之后，果然如我预料的那样，捂着嘴巴傻笑个不停。

“你什么时候做的这个？”陈怡看着满满的照片墙问。

“喜欢吗？”

“喜欢啊，我怎么不知道你做了这个？”陈怡趴在照片墙前面，每一张照片都仔细看过一遍。

“不要问那么多了，反正你知道我记得你生日就对了，还有以后不许总提我忘记你生日的事情。”

“好啊，好啊。”陈怡很喜欢我做的照片墙。

其实，在之前，我想了很久，也不知道要送陈怡什么生日礼物好，照片墙的点子是灵光一闪，突然出现在脑子里的。我和陈怡在一起的这些年，拍了许多照片，我想如果把这些照片挑一些出来，做成照片墙送给陈怡，就相当于把我们这些年美好的爱情回忆当作礼物送给了她。

“李云森，你以前从来不做这些的。”陈怡突然说了这样一句话，我一时之间不知道该怎么回答。

我也知道自己以前很粗心，觉得做这些送惊喜的事情很无聊，可是和陈怡在一起之后，我越来越觉得生活中就应该经常出现小惊喜的时刻，这样我们两个人在一起的回忆才会越来越精彩。

“你干吗突然变得这么好？我都不习惯了。”陈怡问我。

“那你以后会越来越不习惯的。”

“为什么？”

“因为我会越来越好，你以后要淡定啊。”我看到陈怡眼睛里泛起的泪花，知道自己这一次的生日惊喜成功了。

从来都觉得长大很远，成熟也需要等待很久。

直到有一天，我遇到了陈怡，我才明白男人长大是一瞬间的事情。

看着她笑，陪着她闹，就好想一辈子都这样保护着她，直到永远。

或许，这就是爱情本该有的模样。

我想，在这个世界上，相爱的人总会遇到，我愿意把自己的所有一切都拿出来交给陈怡，让她看到一个最真实的我。

我以前不够好，现在也没有那么好，可是陈怡不介意，她愿意一直陪在我身边，和我一起成长。

我也愿意一辈子很认真地喜欢陈怡，只喜欢她一个人。

我想，在这个世界上，相爱的人总会遇到，

我愿意把自己的所有一切都拿出来交给陈怡，

让她看到一个最真实的我。

你看起来很美，我看起来很傻

我一直以来都不知道自己想要的是什么，总认为自己还年轻，走着走着，自然就知道了自己想要什么

后来我才明白了，成长无处不在，我要做的不是站在原地，而是主动向上而行。

成长的很大一部分动力，是你

在认识陈怡之前，我认为成长是一个人的事情，我很少对生活抱怨，觉得事情既然发生了，就要想办法解决，只是抱怨，也是无济于事。

我这样的性格，大概和我的家庭有关。我父母一直以来都工作很忙，我小的时候，常常见不到他们，我爸爸常常教育我，男子汉要从小独立，不要总是依赖别人，有了任何事情，首先想着要自己解决。

我爸爸对我的教育比较传统，他认为男孩子应该勇敢、自立，这样长大，将来到了社会上才能够照顾好自己。所以，在我的成长过程中，我遇到任何事情，首先想到的都是自己去做，而不是去找父母或者别人来帮忙。

我妈妈是一个活泼外向的人，她和我爸爸很不同，她总是很乐观，遇到什么事情都觉得没什么大不了的。我妈常说的一句话就是：“没什么大不了的，这些都不算什么。”

我读中学的时候，我父母做生意赔了钱，那段时间，家里的经济条件很不好，为了给我和妹妹创造更好的条件，爸妈经常早出晚归，忙到深夜才回家。而那个时候，我和妹妹早就睡着了。

妹妹当时很小，什么都不懂，大部分时间都是我在照顾她："妈妈什么时候回家？我想妈妈。"妹妹总是这样问我。

"乖，妈妈在工作，哥哥陪你好不好？"我把妹妹哄睡之后，一个人在漆黑的房间里看着窗外，不知道爸爸和妈妈会忙到什么时候，虽然我也很想他们，但是不想让他们担心，就很少给他们打电话。

看到爸爸和妈妈那么辛苦，我也想给家里尽一份力，但是，当时自己还是一个中学生，还在读书，没有赚钱的能力。

我趁周末的时候，去街上找工作，遇到餐厅在招人，就会进去问一问，但是因为年纪太小，很难找到合适的工作。

无意中，在上网的时候，萌生了开淘宝店的想法，觉得开淘宝店不会占用上学的时间，投入的成本也很小，而且我的家乡离温州很近，那里有很多服装批发市场，衣服的价格都很便宜，我觉得可以去试一试。

我自己去温州选了一些衣服，放到了网上，没想到很快都卖掉了，赚到钱的感觉给了我一些自信，我觉得自己还可以做得更好，于是，当时没有想太多，就把淘宝店开了起来，和一些服装工厂联系好之后，觉得卖年轻人穿的衣服大概可以赚到钱，就选了一些衣服放到了店里的页面上，淘宝店的生意就算开张了。

一开始的时候，因为没什么经验，时间也不充足，只能在放学之后，抽空做一做，所以，淘宝店的生意一直很差，开店的过程并没有自己一开始想的那么容易，但是我也不想轻易放弃，就咬牙坚持着。

开淘宝店的事情，我没敢告诉父母，怕他们知道后为我担心，而且我知道他们一定会反对这件事情，因为他们总是让我以学习为重，不要去做太多和学习无关的事情。所以，开淘宝店的事情，我一直瞒着父母。

为了让淘宝店的生意好转，我那个时候想了很多办法，设计店铺的页面，让页面看起来更舒服和时尚一些，还找老师学了摄影，想要把衣服的照片拍得更好看一些，让顾客能够一看就心动。

也没有钱请模特，就自己穿上店里的衣服，站在镜子前面拍个照，放到淘宝店的页面上。虽然当时想尽办法想要做好淘宝店，但是由于时间和精力的不足，还有经验上的欠缺，淘宝店的生意始终不温不火。经营了一段时间之后，我索性关闭了淘宝店，安心忙学校里的事情，渐渐将淘宝店抛在了脑后。

后来，和陈怡慢慢熟悉起来，成为朋友之后，我和她说自己曾经开了一家淘宝店，她也很支持我自立的做法，还总是问我有什么地方她能够帮忙。我说淘宝店已经被我关掉了，陈怡还觉得很可惜，她一直鼓励我如果可以的话，不妨重新再试一试，不要轻易放弃自己想要做的事情。

最初和陈怡在一起的时候，我心里是有些自卑的，觉得自己和别人不太一样，因为家里的经济负担，让我总是在同学们面前有些放不开。

每次同学聚在一起聊假期去哪个城市旅行，或者和家长在一起买了什么衣服、鞋子之类的话题，我总是闷闷地躲在一边。

青春岁月，总会被过强的自尊心所困扰，觉得同学们拥有的生活，自己却没办法拥有，心里虽然不会去怪父母，但还是有些失落。

大概也就是从那时起，我觉得自己一定要赶紧自强起来，努力赚到钱，让家人和喜欢的人过上好的生活。

我很想和陈怡一起出去玩，但每次玩一趟，我攒的零花钱就会用得差不多，有几次，我去结账时，口袋里的钱几乎不够用，还是陈怡帮忙垫付的。

年轻热血，囊中羞涩总是让我觉得在陈怡面前有些不自信，不过，陈怡从来没有多想过什么，也从不多说什么，那时候，我们出去吃饭或者去喝东西，陈怡在看到我掏钱的时候，经常会抢着付钱。

“下次你请吧！”陈怡笑眯眯地把我拿出来的钱放进我的口袋里。

“上次的时候，你就说下次了。”我想要把手里的钱塞给陈怡，但是她使劲推让，坚决不肯拿。

“是吗？那下下次也是你请吧！”陈怡无所谓地把两只手插到兜里。

那个时候，我很少和陈怡提到我家里的事情，也不是刻意隐瞒，就是不愿意在喜欢的女孩子面前露出短板。

在我那段有些晦涩的时光中，陈怡就像是翠绿色的树叶罅隙间，突然投射下来的一道阳光，温暖地、醒目地照亮我的生命。

当时的自己，并不是很清晰地认识到陈怡对于我的重要性，那时候，只是单纯地觉得见到陈怡就很开心，两个人坐在一起，哪怕什么话也不讲，我心里也是特别安定。

我看过一本书，里面写到恋爱时最美好的时刻，就是一切都还尚未开始的时候。我和陈怡都不会想到，身边这个一起喝冷饮、一起聊八卦的人，会是将来一起吃早餐、一起生活的人。

生活从来不会提前告诉我们有关未来的答案，在我和陈怡漫无目的地沿着街道边走边聊时，我们不会想到不久后的我们会如何相亲相爱，会如何相互争执和彼此伤害，爱情是一本没有解题思路的练习册，所有的难题都需要我们自己在时间中去解答。

我从未想过有一天会不和陈怡在一起，但是在心里也清楚地知道，我们总要面临着生活对我们的各种考验。我和陈怡在不同的城市读书，虽然我们会一有时间就去找对方，但是距离的存在，始终是不可忽视的。

有一次放假，我去陈怡学校找她，我们去电影院看了一场没有笑点的爱情喜剧，随着人流走出电影院，陈怡拉着我的手："我们不会像电影里那对情侣一毕业就分开的！"

陈怡的重音落在了"不会"这两个字上面，我知道她的心里并没有像她表面上对未来这么笃定，象牙塔的四年时光一晃而过，谁也不知道毕业之后，等待我们的会是什么。虽然总是听到别人说“距离不是打败爱情的理由”，但是当现实的问题摆到自己眼前时，我们都不能当作看不见。

“当然。”我握紧陈怡的手。

每个人都有不同的选择，都会去过不同的生活，人生从来只能是属于自己的，别人没办法参与。

我知道我和陈怡总会在走到岔路口时选择不同的方向，毕竟我们的目标和方向不会永远都相同。但是，我也相信，前方的路弯弯绕绕，峰回路转，谁又能知道下一段旅程，我们是不是又会在同一方向了呢?

后来，我想重新把淘宝店整顿一下，再开起来，毕竟没有了繁重的课业压力，时间更加自由，也更加充裕，我觉得应该利用起来，为自己找一个副业，这样既可以减轻家里的负担，也可以让我提早为将来的生活做一些准备。

不得不承认，那个时候，我心里其实还是很焦虑的，同学们都在无忧无虑享受象牙塔生活的时候，我已经开始为今后考虑了，有时候，我也很不喜欢自己这种想得太多的性格，总觉得不把一切想清楚，心里就会很不安定。

我当时特别想做出一些成绩来证明自己，证明给陈怡看她没有选错男朋友，我能够给她一个美好的未来。

“不要想那么多啊，我们顺其自然就好了。”陈怡总是不急不躁的，觉得我和她都还年轻，没必要考虑那么早。

我却觉得如果等事到临头再做打算，会让自己很慌乱，如果我只是自己一个人的话，也无所谓，但是我不愿意让陈怡也跟着我慌乱。说来也很奇怪，那时候，按时间来算，我和陈怡在一起的时间并不长，两个人在一起除了在咖啡店聊些八卦之外，对彼此的了解都不算深，但是，我那时候就是那么自然地将陈怡划入了我的未来规划中，觉得我不论怎么考虑，都要把陈怡算在内。

可能对于我来说，和陈怡的这场爱情，在潜意识中想要好好地保护，不希望其间发生一点一滴的不愉快，让我们这段感情受到伤害。

对于一个平日里总是不善于表达的人，陈怡那时候并没有意识到我那么重视她，其实就连我自己也没意识到，陈怡对于我而言，有着无与伦比的重要性。

现在工作累的时候，我总让陈怡夸我。

“你怎么那么自恋啊？总要别人夸你，我不能惯着你。”陈怡受不了我。

“我没让别人夸我啊，我让你夸我。”

“干吗总让我夸你？”

“因为你夸我之后，我才有更大的动力继续工作啊。”

“为什么？”陈怡不明白。

“你夸人通常比较肉麻，我的神经比较容易受到刺激，血气上涌，更容易亢奋，工作会更有激情。”

“那揍你一顿是不是更容易刺激你？”陈怡撸起袖子。

很早之前，对于我来说，陈怡就是我努力的动力，总觉得她这样好，我要变得更强大，才能好好地保护她，让她快乐地生活。

我希望我们之间的感情，能随着我的努力一直美好下去，长久下去。

我希望我们之间的感情，

能随着我的努力一直美好下去，长久下去。

明知道我不好，你还肯陪我一起

每个人的生命里都会有一阵阴雨连绵的日子。

忙得乱七八糟，晕头转向，觉得情绪低落，气压很低，但却无处可以发泄。我不甘心把淘宝店放弃，就重新开了起来。因为想要做出点样子，就把所有时间耗在了上面。

“周末去郊游吧？”陈怡打电话约我。

“算了吧，周末我要去进货，下周好不好？”我回绝道。

“好吧。”陈怡没说什么，但是我听到了电话那端她那微弱的叹气声。

“生气了？”

“没有，我有那么小气吗？那你忙吧。”陈怡又和我讲了几句话，就挂断了电话。

我的确很久没去找陈怡了，忙起来好像时间都失效了，那段时间累得胳膊不是胳膊，腿不是腿。

淘宝店的事情，我没有和陈怡讲太多，我总觉得可以再等等，等忙出成效后，能志得意满地展现给陈怡看，可是现实却是越忙越慌乱，时间和精力都搭了进去，却没什么大的起色。

晚上躺到床上，身体乏得厉害，脑子却是十分清醒。

陈怡给我发来信息 :“睡了吗？”

我 :“没有。”

陈怡 :“周末我陪你去进货吧？”

我 :“很累的，还很无聊。”

陈怡 :“无所谓了，带不带我去？”

我答应了带陈怡去进货，我们约好了周末在车站见面。躺在床上，我盯着漆黑一片的窗外，胸口闷闷的。

当时不明白那种情绪，后来才懂得那是一种焦虑和无奈感，总想要快些成长，可是又找不到方向和途径，面对生活的难题，总显得急迫和低落。

因为不想一直和陈怡分隔两座城市，我选择来到福州，一边做淘宝，一边陪着陈怡，我以为自己爱情和事业都可以掌握得很好，却总是顾此失彼，那个时候，我也不知道自己的选择是不是正确的，我只是一心想要给陈怡更多的安全感和陪伴，也努力想要让自己足够成熟和值得依靠。

在车站见到陈怡后，我有点吃惊，她那天打扮得还挺隆重，穿了裙子，做了头发，还化了妆。

“你要去参加舞会吗？”我哈哈大笑。

“干吗笑我，有什么好笑的，没见过我穿裙子啊？”陈怡不自然地走到我身边，低头整理自己的衣服。

“不是啊，我们今天去批发市场进货啊，你穿这个样子，很容易把衣服弄脏、弄坏的啊，应该穿成这样嘛。”我指着自己穿的旧上衣和旧裤子给陈怡看。（其实是怕别人看她穿得这么好，会以为我们很有钱，会宰我们，嘿嘿）

“好丑，我才不要。”

“算了，算了，坐车去吧。”我拉着陈怡上了车，在去广州的路上，陈怡这才告诉我，她想着好久没见我了，才特意好好打扮了一番，想让我眼前一亮，没想到我居然会哈哈大笑起来。

“是很好看啊，不过我们是去批发市场，又不是去逛街啊。”

“好了，我下次知道了。”陈怡兴致明显不高。

看到陈怡那个样子，我心里有些内疚，作为男朋友，我本来应该在周末的时候去学校陪陈怡吃饭，或者做一些陈怡感兴趣的事情，但是，我却让陈怡大老远地陪我去广州进货，还没有照顾到她的心情。

“对不起。”我低声道。

“干吗道歉啊？神经病。”陈怡推我一下。

再肉麻一些的话，我也说不出口了，轻轻握住陈怡的手，她把头靠在我肩上，打了一个大大的哈欠：“我要睡一下，今天起得好早来赶车，困死了。”

“你是起了个大早化妆，打扮自己吧。”

“你又知道，不和你说了，到了叫醒我。”陈怡的声音越来越轻，我听到她均匀的呼吸声在我耳边响起，看来她真的是困了。

对面坐了一个戴眼镜的中年男人，他看了看歪着脑袋、睡得很香的陈怡，又看着我笑了笑："去广州玩啊？"

"嗯，对。"我随口应了一声。

"还是学生吧？还在念书？"

"是。"

"年轻就是好啊，我上大学的时候，也像你们这样无拘无束地到处去玩，什么都不用操心，哪像现在，公司和家里一堆事，忙都忙不过来……"

那个中年男人絮絮叨叨的声音在火车的车厢里慢慢散开，在陌生人的眼中，我和陈怡的生活是彩色的，可是在我自己看来，我却觉得自己当时的生活是蓝色的，我总觉得自己不够好，希望自己能够好一些，更好一些，才能有足够的底气站在陈怡身边。

火车到站后，我和陈怡出站，然后去服装批发市场，我说："刚才坐在我们对面的那个人很羡慕你。"

"啊？为什么？"

"因为你有我这么一个无敌帅气的男朋友。"

"臭美，别人肯定不是这样讲的。"陈怡不停地追问我，刚才在火车上那个男人到底羡慕她什么。

"其实他不是羡慕你，而是羡慕我，羡慕我有你这么漂亮可爱的女朋友。"

"嗯，算他有眼光。"陈怡对于夸自己的话，总是照单全收。

看到陈怡心情不错，似乎对早上在车站的不愉快已经忘记了。我觉得陈怡真的是太好哄了，让我很没有成就感。

和陈怡很快到了服装批发市场之后，我们看了很多家的衣服，那天忙到很晚，才坐车回到学校，把陈怡送到宿舍的时候，时间已经很晚了，陈怡睡眼蒙眬的，连和我说再见的力气都没了，迷迷糊糊挥了挥手，转身上楼回宿舍了。

看着陈怡瘦小的身影消失在楼梯的拐角处，我想不管怎么样，我也要更加努力做好两件事：一件是让自己变得更优秀；另一件是让陈怡不要对我失望。

每个人的一生都会遇到许多人，有的人会陪着自己走一段路，然后在岔路口选择不同的方向，渐行渐远，有的人会始终陪在自己身边，而对于我来说，希望陈怡就是那个和我不断经过人生的岔路口，却依然能够携手同行的人。

在经过不断的尝试之后，淘宝店的生意渐渐有了起色，有段时间的销量还超出了我的预料，陈怡又未卜先知地和我讲："我就说吧，只要你好好做，生意肯定会好起来的。"

随着淘宝店的生意越来越好，我一个人有些忙不过来，所以，陈怡只要有时间，就会来帮我的忙，但是工作量却越来越大，我们两个人常常忙到头晕眼花，时间也还是不够用，我不想让陈怡总是来回奔波，跑来跑去，觉得这样会让她太辛苦了，想找个人和我一起经营淘宝店。

"不用这么麻烦啊，现在刚开始有起色，我们还是自己多干一点吧，等再稳定一些，再找人也不迟啊。”陈怡不同意我找人，我知道她是想帮我省钱，自己来给我当免费的劳动力，让我能把利润多留一些。

在摸索淘宝店生意的过程中，我也渐渐找到了一些门道，我开始在店里放一些情侣装，销量都很不错。

我和陈怡去广州选货的时候，我就看了很多情侣装，陈怡喜欢一些很可爱的衣服，我觉得还是自然、随性一些的衣服更好卖。

我们把各自看上的衣服买下，然后把选好的衣服穿上，我们两个当模特，拍了一些照片，放到了淘宝店里，居然还有不错的关注度。

“如果将来有机会，我一定要开一家最厉害的情侣时装店。”我发誓。（虽然现在都还没开起来，哈哈哈哈）

“还是我们两个当模特吗？”

“对啊，我卖的情侣装，只能是我们两个当模特。”

“真的？这么好啊？”陈怡很开心。

在陈怡笑得最大声的时候，我说道：“因为你不向我收费。”

陈怡：“我能打人吗？”

我当时的梦想就是开一家很棒的情侣时装店，开始的时候，我凭自己的眼光选衣服款式，后来我渐渐发现，并不是自己觉得好看的衣服，就一定会卖得很好。我研究了许多网上的爆款服装，慢慢改进自己店里的服装风格。

之后，我又发现喜欢我和陈怡的那些顾客，年纪大多数都比我们要小几岁，所以，我再选服装的时候，就把风格定得更年轻了一些，果然，销量一点一点地上来了。

随着每天发货量的增加，我和陈怡觉得都很高兴，就在我们兴奋的时候，发生了乐极生悲的事情。有人在网上买了衣服之后，又申请退货，我们当时没有想那么多，就同意退货，可是当我们把钱退了之后，发现对方并没有把衣服退回来。

这样的事情发生了很多起，后来我才知道，这是许多淘宝店主都会遇到的恶意事件，遇到了这样不顺利的事情，我的心情自然会大打折扣。

“算了，做生意总归是有风险的，我们以后多注意一些就好了，就当花钱买个教训吧。”陈怡安慰我。

“这也太过分了，这些人为什么要这样做啊，他们不知道别人赚钱都是很不容易的吗？”我有些气不过。

“可是，你再生气也没用啊，还是我们有些大意了，以后多注意吧。”

“你心态怎么总是这么好？”我问。

“也没有啊，我只是不想让你太难过，遇到不好的事情，我们两个总要有一个人来安慰另一个人啊。”

“喂，你好像抢了我应该做的事情。”

“无所谓了，大不了，晚饭你请客。”陈怡继续蹲到地上打包快递。

我一直知道，有一天，有一个时刻，我会遇到一个人，她可能不算很漂亮，不是很爱讲话，性格也不是很温柔，可是那又怎么样呢？我依然愿意和她在一起，我希望自己能够给她一个温暖的怀抱，一个值得依靠的肩膀。

我愿意用自己全部的心思去喜欢她、照顾她，用尽我所有的努力去让她幸福，无比幸福。

因为在我还没有成长的时候，她愿意陪着我，等着我成长。明明能够看到我身上有许多的缺点，可还是愿意和我在一起。

我知道，陈怡就是那个人，那个明知道我不够好，但还是不管不顾留在我身边，和我在一起的人。

因为在我还没有成长的时候，她愿意陪着我，等着我成长。明明能够看到我身上有许多的缺点，可还是愿意和我在一起。

还没做完这100件事情，我们就结婚了

结婚后，因为两个人生活在了同一屋檐下，家里的东西突然变得超级多，每次我要找一样东西，需要翻找许多个地方。

“李云森，你的东西能不能收拾一下？我的东西都没地方放了。”我在客厅里看电视的时候，听到陈怡在卧室喊。

“我的东西都收拾得很好啊，是你的东西在乱放。”我大喊一句。

“哪有——你的衣服怎么都跑到我的衣服底下了？”

“不要那么小气嘛，你帮我叠好拿出来啦。”我等了好大一会儿，也没有听到陈怡和我顶嘴。

我走进卧室，看到陈怡抱着一个本子，很认真地在看。

“这是什么？”我凑过去，是陈怡的日记本。

“看，我和你刚在一起的时候，还为你写过日记呢。”陈怡翻开其中一页，指给我看，“那时候，好幼稚哦。”

本子上贴了我和陈怡的合影，当时我们两个人的样子看起来傻乎乎的，对着镜头一起比出剪刀手。陈怡还写了许多想和我一起

做的事情。

“你写的这些，很多都是我带你去做过的啊，这个，还有这个——”我指给陈怡看，“看来我们还是心有灵犀的嘛。”

“我那个时候也是在网上看到的，就记了下来。”

“看吧，我们就是天生一对，我去网上查，你也去网上查，我们两个在一起，完全是按照攻略谈恋爱啊，难怪成功了。”

我哈哈大笑，陈怡没理我，低头看着自己写过的日记，满心沉浸在我们过去那段好笑又好玩的岁月里。

“这个第一条，我就带你做过啊，我也带你去过寺庙。”我凑近和陈怡一起看，一边看一边说。

“我知道啊，你那时候带我做的事情，我都有记下来。”陈怡让我不要吵，她认真地看过写的每一条，她还能记得当时我们做这些事情时的许多细节。

1.手牵手轧马路

2.一起坐摩天轮

3.一起去寺庙

4.一起养一条小狗

5.一起看日出日落

6.一起吃冰激凌

7.一起看烟花

8.一起看电影

9.一起堆雪人

10.一起做顿饭

11.送给对方惊喜

12.一起捡贝壳

13.一起喝醉

14.一起种花

15.一起吃完饭刷碗

16.一起淋雨

17.一起唱歌

18.一起看场演唱会

19.一起去天台看星星

20.互相写信

21.穿情侣装逛街

22.一起喝咖啡

23.一起去爬山

24.一起坐过山车

25.一起滑冰

26.一起放风筝

27.一起去鬼屋

28.一起买张彩票

29.比赛啃骨头

30.教我一项你的特长

31.整晚不睡觉唠嗑

32.一起去放生

33.一起在河里放纸船

34.一起放孔明灯

35.一起在树下埋下我们的约定

36.陪对方庆祝生日

37.一起去趟海南的“天涯海角”

38.一起赏月

39.一起去看樱花

40.一起荡秋千

41.念故事哄我睡觉

42.一起沿着铁轨走

43.看你打一场比赛

44.一起露营

45.为对方做早餐

46.一起去DIY

47.为你系围脖

48.一起去看埃菲尔铁塔

49.一起去看海

50.一起去对方的小学、初中

51.一起合照

52.比赛用勺子吃西瓜

53.一起打雪仗

54.一起当义工

55.看你打台球

56.撮合一对情侣

57.一起打扑克牌

58.闭上眼让对方牵着过马路

59.一起看冰灯

60.靠着你肩膀睡觉

61.比赛吹气球

62.一起包饺子

63.一起坐陌生的车，一起逛陌生的街道

64.一起去敬老院、孤儿院

65.一起去看海豚

66.女扮男装，男扮女装

67.捉迷藏

68.喝交杯酒

69.去拍婚纱照

70.用沙子做城堡

71.背我走一段路

72.一起去划船

73.一起去医院看新生儿

74.一起坐火车去一个当天回来的地方

75.一起吃自助餐（吃到撑）

76.送对方回家（到门口）

77.用泥巴做两个我们

78.为你刮胡子

79.冬天共用手套

80.生病的时候陪着对方

81.一起捡落叶

82.情侣文身

83.一起跨年

84.穿你的衣服躺在你怀里看球赛

85.假装陌生人一天

86.为你编织东西

87.教我一个游戏

88.专心为我做件事，哪怕不起眼

89.为我做件你不喜欢的事情

90.在朋友面前大方介绍我

91.一起放风筝

“你写这个，真的是……”我皱起眉头。

“是不是被感动到了，没想到我那么用心吧？”陈怡扬扬得意。

“真的是辛苦了，写这么多，还画了这么多画，那时候是不是偷偷熬夜写的？要不就是上课偷着写的？”我问道。

“没有了，又不是一次就写了这么多，我那时候就是想和你一起做很多事情，就一边自己想，一边在网上查，看到想要做的，就记在本子上。”

“你都写重复了，放风筝写了两次，哦，我知道了，你在网上抄攻略，抄到最后，自己都忘记前面写过什么了。”

“我才没有，是因为那个时候，你总是约我去放风筝，我以为你很喜欢放风筝，就当是我计划写够 100 件要做的事情之一，写到最后面的时候，想不出还有什么事情想要一起做，想到你那么喜欢放风筝，就把放风筝又写了一遍。”

陈怡想要把日记本放起来，我夺过来：“别那么快收起来啊，我还想再看一看，当年你都想和我做什么幼稚的事情。”

“别看了，很好笑的。”陈怡想夺回日记本。

“欸？你不是说要做 100 件事情吗，可是你的日记本上才写了 91 件，后面就没再写了啊？”

“因为我发现，不论和你做什么事情，我都很开心啊，所以我就没再想一定要去做什么事情了，反正只要是和你在一起，做什么也行。”

陈怡终于把日记本从我手里抢回去，小心地放到盒子里，塞回柜子的抽屉里，继续蹲在地上找东西。

“你当时也没有和我提过，你想要去完成这些事情啊？”我看到被陈怡记在日记本上的许多事情，我都没有和她一起做过。

“这要怎么和你说啊，难道让你把它当作任务去完成啊？”陈怡终于在一堆衣服下面找到了自己的包。

“你和我说的话，我们每周去完成一个，然后在上面打钩，现在就可以看着日记本上满是画钩的这些事情，回忆我们甜蜜的恋情啊。”

我的话得到了陈怡的赞同，她也有些遗憾地说道：“你说得也有道理哦，那不如我们今后有时间，就去把这些没做过的事情都做完吧？”

我答应得很爽快：“好！”

“那个时候，我觉得我们会有很多的时间来完成这些事情，你看，我写到第 91 件事情的时候，后面几件事情想不出来了，我也没有急，我想反正我们在一起的时间还那么长，慢慢想啊，想到就再写下来，可是没想到——”

“没想到要做的 100 件事情还没有全部想出来，想出来的事情还没有做完，我们就结婚了。”我接着陈怡的话说道。

“是啊，还没做完这 100 件事情，我们就结婚了。”陈怡罗列了许多想和我一起做的小事情，每一件都是很简单、很微小的事情，听起来很平凡，但是一想到我们会在一起做这些事情，就会觉得特别美好。

虽然恋爱清单上的事情没有在恋爱时期做完，不过做不做那些事情，都不再重要了，重要的是，我和陈怡，彼此陪伴；重要的是，我的身边是她，她的身边是我。

最浪漫的告白

有时候觉得，我在选择的时候，也同时被选择。

生活是场大型的真人秀，随着时间的推移会不断觉得面对生活，你永远没有资格说自己准备好了。许多事情，你以为会降临，却始终没有发生；还有许多事情，你从未想过，却突然发生。

我爸老说一句话："人生不是一道菜，不会等所有的材料准备好了才下锅。"

我想说有的时候，可能锅还没准备好，材料却已经备齐了。

在我和陈怡的计划中，结婚这件事并没有很早被提上议程，我们都是喜欢自由的性格，觉得太早结婚会让我们的生活被婚姻束缚起来。

但是，世事总有意外，就在我和陈怡还在计划着去哪儿旅行的时候，陈怡突然查出自己怀孕了。那阵子，她的确是有些反常，突然跑去做美甲，又突发奇想地跟我提许多奇怪的想法。这些"征兆"正在提醒我们，生活马上就要有所不同了，可惜我们完全没有领会到，还傻乎乎地在为去哪儿旅行而争执。

这个意外，让陈怡有些吓住了，她不知道该怎么办才好，一个人傻呆呆地坐在沙发上，把头埋在腿上，不知道在想什么。

我刚听到这个消息的时候，也有点不知所措，但是我很快就冷静下来，想到陈怡肚子里的小生命，心里无端地柔软起来。我觉得一切的事情都是最好的安排，既然已经发生了，就要好好去面对。

“我想留下这个孩子，你呢？”我问陈怡。

“我有点怕——”陈怡眼睛里闪过茫然，我知道对于陈怡来讲，这个意外让她承受着比我更多的压力。

“虽然我现在还没有能力买房子，给你和孩子一个家，可是，我想过了，我一定会更加努力地工作，我不会让你和孩子将来受到委屈的。”

我说这些话的时候，感觉到自己的嘴巴在抖，我和陈怡之间，从来没有这么严肃地讲过话，在我们之前的世界里，只有毫无负担、毫无压力的恋爱，就算是吵架、冷战，也是很快、很轻松地就过去了。

可是，从我知道陈怡怀孕的那一刻起，我们之间的事情，就再也不是我们两个人的事情了，我看到了自己身上的责任，我想自己大概是在那个时候，才真正蜕变了，意识到了自己的责任。

“可是，我们都没想过——”陈怡还是在犹豫。

“很多事情都超出了我们的想象，毕竟，我们能够想到的事情，太少了。你对我放心吗？”我问道。

“当然。”

“那就好了，不要担心，一切都交给我，好吗？”我看到陈怡终于缓慢而坚定地点了点头，知道她同意和我一起为了这个孩子而努力了。

因为新生命的到来，我和陈怡预计的婚礼便提前准备了，在那段忙乱又幸福的日子里，我大包大揽了几乎所有的事情，想让陈怡安心休息，毕竟她现在的身体很重要。但是，陈怡总是闲不下来，总是想要找些事情去做。

“你会不会后悔？”陈怡问我。

“干吗要后悔？我上小学的时候，就梦想着当一个年轻又帅气的爸爸，每天在学校门口，站在一堆爸爸中间等自己的孩子放学，然后别的爸爸都会很羡慕我的年轻容颜，想想就很得意呢。”

“又瞎讲。”陈怡不信我，她觉得一个小学生怎么会有这么奇怪的念头，其实我说的是真的，没有骗她。

我上小学的时候，我们班上有一个同学，他的爸爸就很年轻，每次我在校门口，看到他爸爸牵着他的手，就想着自己长大了，也要早早结婚，生孩子，然后等孩子长大了，送孩子去上学，带孩子去公园玩。

“总之，我会好好照顾你们的。”我将手轻轻放在陈怡的小腹上，温暖的感觉从我的掌心传递到了我的心脏。

我和陈怡决定了结婚的事情之后，就找各自的父母通报了这件事情。我妈知道陈怡怀孕的消息后，当时比较冷静，过了几天，偷偷给我打电话，叮嘱我一定要好好照顾陈怡，还让我拿本子记下如何照顾孕妇的妙招。

“妈，这些医生都会和我们说的，你别大惊小怪了。”我觉得我妈好啰唆。

“医生说得能有我这么清楚吗？我生了你和你妹妹两个，我知道女人这个时候需要什么样的照顾，你听我的就是了。”

“好好好，我会都记住的，一一照办好吗？”我想挂断电话了，但是，我妈妈还是说个不停。

“要不我去杭州照顾陈怡吧，对于你，我总是一百二十个不放心，你笨手笨脚的，还粗心大意。”

“不用了，陈怡妈妈过几天就会来的，你要是想来，排队吧。”我看到陈怡躺在床上，捂着嘴笑我。

“噢，这样也挺好，总之有人照顾，我就会放心一些，要是只交给你照顾陈怡，我可是放心不下。”

我妈又交代了我许多事情，又亲自对陈怡交代了许多注意事项，才恋恋不舍地挂了电话。

陈怡妈妈来了杭州之后，每天都钻在厨房里做各种好吃的，我沾了陈怡的光，那段时间长胖了不少。

“结婚的事情，有没有我们老人能帮上忙的？你不能太劳累，这些日子要好好休息才是。”陈怡妈妈心疼陈怡。

“没事的，我会都准备好的，陈怡只要美美地当新娘就好了。”我赶紧对陈怡妈妈说道，想让她放心。

“时间真是太快了，一眨眼，就要结婚了。”陈怡妈妈握着陈怡的手，眼睛里含着泪光说道。

“妈，你干吗啊？你这样，我都快要哭了。”陈怡的眼眶也红了。

“我会好好照顾陈怡的。”我不擅长应对这样的煽情场面，又觉得自己在一旁不说话不合适，只好一再这样保证。

后来，陈怡妈妈在杭州住了一段时间，陈怡就让她回家。临走前，陈怡妈妈还一再确认：“你们两个人真的可以吗？能应付得来吗？”

“没事的，妈，你放心回去吧，家里还有我爸需要你照顾呢，我有李云森就好了，他会照顾好我的。”陈怡肯定地回答。

送走陈怡妈妈之后，我问陈怡要不要让我妈妈来杭州照顾她，陈怡摇摇头说：“不用了，照顾人很辛苦的，我自己没问题的。”

“可是——”我有些不放心，我妈对我很担心其实不无道理，我在照顾人这方面经验很欠缺，更别说照顾一个孕妇了。

“没事的，反正你在我身边嘛，大不了，到后面我们觉得有困难的话，再找父母帮忙了。”既然陈怡都这样说了，我也就不再多说什么了。

于是，我一面准备婚礼的各项事情，一面认真照顾陈怡。有一天晚上临睡前，陈怡忽然很肉麻地对我说：“李云森，你变得好好啊。”

“你病了？”我摸摸陈怡的额头。

“我是说真的，你以前从来没有像现在对我这么耐心、这么体贴，我觉得我又重新认识了你一遍。”

“那我以前是什么样子啊？”

“嗯——”陈怡想了想，“以前你也不是不好，可就是常常和我急，虽然也对我很好，但都是从你的角度出发，现在你知道从我的角度来考虑了。”

“我以前很糟糕了？”

“没有，没有。”陈怡连忙摆手，“我只是说你现在更好了，会做许多以前不会做的事情，我挺意外的。”

“我以前做得不好，我以后会注意的。”我这样认真地说道，反而让陈怡有些不自在了，她推了推我，让我别多想。

“我就是夸夸你，怎么觉得好像是在抱怨你以前不好呢？我真的觉得你一直挺好的，只是现在更好了。”

“嗯，我知道，我也就是随口谦虚一下，这种赞扬我的话，你以后还是要继续保持下去。”

我这样厚脸皮的话，让陈怡举起手，假装要打我似的挥舞了两下。在决定要成为一个丈夫、一个父亲的时候，我就暗暗告诉自己，今后一定要做得更好，因为从今以后，我所肩负的是一个家。

我一直以来都不知道自己想要的是什么，总认为自己还年轻，走着走着，自然就知道了自己想要什么。后来我才明白了，成长无处不在，我要做的不是站在原地，而是主动向上而行。

作为男人，我不想说那么多花哨的话，我觉得很多事情，需要靠做出来，而不是单凭嘴巴说出来的。

关于未来的承诺，我希望陈怡能够从我的行动中看到我的决心，我向她的告白就是：我会在以后的每一天，认真努力地经营我们的生活。

因为新生命的到来，我和陈怡预计的婚礼便提前准备了，在那段忙乱又幸福的日子里，我大包大揽了几乎所有的事情，想让陈怡安心休息，毕竟她现在的身体很重要。但是，陈怡总是闲不下来，总是想要找些事情去做。

最大的惊喜就是你

升级为孕妇后，陈怡成了我们家的重点关照对象，我爸妈和她爸妈几乎每天都打电话、发视频问陈怡吃得怎么样，睡得怎么样。

我妈："别总点外卖，油多盐多，对身体不好的。"

我："知道了，我们最近都自己在家里做饭吃。"

我妈："做饭的事都归你啊，别让陈怡做。"

我："我知道。"

我妈："你做的饭能吃吗？煮的菜是熟的吗？把陈怡吃坏了的话，我可要——"

我拦住我妈的话头："妈妈，我当你是亲妈，你当我是捡来的吧？怎么对你儿子的才能一点也不了解？"

做饭的事情对于我来说并不难，我在家的时候就会自己做饭，有时候也会做给妹妹吃。我如果在外面吃到一道好吃的菜，回到家里就能够依样做出来，味道不会差太多。

有一次，我和朋友去一家餐厅，吃过一道咸蛋焗南瓜很好吃，回来后对陈怡讲了那道菜很美味，陈怡想要吃，我就试着给她做了，没想到一次就成功了，陈怡把一整盘菜都吃光了，还一个劲儿给我点赞。

不过，偶尔下厨是情调，每天下厨就让我有点吃不消了，我拿手的菜就那几样，不能每天都做，很容易就会吃腻的，陈怡有时候胃口会不好，要保证她能够少食多餐，还要营养均衡。

我每天进到厨房里，会对着砧板发呆，不知道该做什么才好，我问陈怡："不如我去厨师学校急训几天？"

"厨师还有速成的吗？"

"不然怎么办？总不能天天让你吃同样的菜吧。这几天我都吃腻了我自己做的菜了。"我忽然灵机一动，对着陈怡笑起来。

"你又动什么坏脑筋？"陈怡很了解我。

"不如我们交换一下，你来做饭，我来洗碗。"我和陈怡一向搭配干活，我做饭，她洗碗。

"你不是嫌我做的饭难吃吗？"

"换换口味嘛，没准儿你会有进步啊。"我只是在和陈怡开玩笑，做菜会有油烟，我怎么会让她去厨房做菜？

"好吧，那我就试试。"陈怡一点也没推辞，当下就答应了。

"算了，算了，你还是乖乖洗碗吧，饭还是我来做，我去网上查一查有什么简单易学的菜。"

我把陈怡拦下来，可是陈怡坚持要去做饭，还说自己这次一定能够做成功，让我对她的厨艺有所改观。

“不要了，如果被我妈知道，我让你去做饭，她会把我赶出家门，不认我这个儿子的。”我抱着陈怡的大腿。

“其实，我就是想做点事情啊。这些天，家里所有的人都围着我转，关心我，什么都不让我做，还有你也是什么都不让我做，会让我觉得自己很没用啊。”陈怡轻轻的叹气声被我听到了。

我在网上查到过，孕期因为激素的增长，孕妇会有情绪不稳定的时候，我想对于陈怡来讲，比起无微不至的照顾，更让她感到安慰的应该是沟通和交流。

“好啊，那就你做饭，我来洗碗好了。我声明，你做饭的话，不要炒菜，煮汤或者做一些不需要炒的东西就行。”

“好。”陈怡爽快答应了，很快钻进厨房，不一会儿就煮了两碗汤，端了出来，汤的颜色倒是看起来蛮正常，就是不知道味道怎么样。

“快尝一尝。”陈怡满怀期待地把勺子递到我手里。

我喝了一口，味道没有想象的那么差，还算不错，就是有些淡，我咂摸了咂摸，又喝了一口。

“怎么样，不错吧？”陈怡摇头晃脑。

“嗯，挺好喝的。”我表扬了一句，陈怡立刻喜笑颜开，大概没想到自己做的汤能够得到夸赞。

“我就知道我很厉害。这样吧，以后我每天都在家里给你做饭，这样你下班回来，就能吃到我做的饭了。”

陈怡畅想着自己当一名家庭主妇的美好生活，甚至准备立刻就去拿手机买一些好看的碗碟。

我赶紧拦住陈怡，想了想对她说："这样吧，既然你要买碗碟，就顺便再买一台洗碗机，这样以后你做饭，我来洗碗。"

"洗碗机？"陈怡没想到我会提出这个要求，有些愣住了。

"对啊，洗碗当然要用洗碗机了，我听说现在的洗碗机设计得很厉害，把碗碟放进去，什么都不用管，下次拿出来用的时候，干干净净。"

"真的？"陈怡有些迟疑地放下手机。

"当然了，我的朋友用过。"我看到陈怡的神情，忍着笑继续说道，"这样也挺好，以后省事多了，吃完饭，只要把碗放到洗碗机里，就可以什么都不用管了。"

"那个……"陈怡仿佛做了一番挣扎，"还是我洗碗吧。"

"为什么？"

"我做的饭没有你做的好吃，我怕你吃不惯。"

"好吧，好吧，既然你都这么说了，那我们就按老样子喽。"我看到陈怡脸上露出窃喜的表情。

洗碗机买了之后，我又找了一个钟点阿姨，每天来做饭，打扫卫生，我和陈怡两个人又过起了衣来伸手、饭来张口的日子。

"我怎么觉得买洗碗机像是一个套啊？"陈怡后知后觉。

"什么套？"

"让你可以光明正大偷懒啊。"

“怎么是我偷懒，阿姨做的饭不是比我做的要好太多吗？再说，洗碗机用上之后，你就不用每天刷碗了，不是很轻松？”

“话都让你说了，我还能说什么。”陈怡说我做什么事情，总能给自己找到合适的理由，让别人无法反驳。

之前，我和陈怡刚搬到杭州不久，我因为有事需要去别的城市几天，陈怡就一个人留在家里。

每到晚上，陈怡就会把门反锁，然后把所有灯都打开；给我打电话的时候，陈怡会紧张兮兮地说有些害怕，总觉得别的屋子里会藏着一个人。

“你睡觉前少看一些恐怖电影就好了，一个人锁好门窗，我很快就回去了。”我叮嘱陈怡。

挂了电话之后，我已经准备要睡觉了，陈怡忽然又给我打电话。

“又怎么了？”

“有人——有人在敲门。”陈怡的声音听起来很紧张。

“谁啊？”

“我不知道啊，我没敢出声。”

“那你去猫眼那里看一下，看看外面是谁。”我听到电话那端，陈怡小心翼翼挪动脚步的声音。

过了一会儿，我听到陈怡压低声音说道：“外面太黑了，没亮灯，看不到是谁。”

“那你打开门看一下。”

“打开门？那个人不就进来了？”陈怡的声音带着哭腔，大概真的被门外不知是谁的敲门声吓坏了。

“好了，好了，不管是谁，都别管了，去卧室锁好门睡觉。”我一直开着手机，和陈怡说话，等她睡着之后，才挂了电话。

我后来回到家之后，问陈怡那个半夜敲门的人是谁，陈怡说不知道，她自始至终都没敢再靠近门口。

“你还让我开门看看，你就不怕我被坏人绑架啊？”陈怡质问我。

“如果真是坏人，干吗还敲门啊，直接悄悄撬锁了。你想得太多了。”我笑陈怡的胆子太小了。

“也是啊，我可能真的是电影看太多了。”陈怡松了一口气。

“不过也很难说，我听说有的坏人在作案之前，总要试探一下，敲门看看屋里有没有人，如果没人开门，他们就可能撬锁；如果有人开门，他们就假装说自己认错了门。你一个女孩子，还是不要给陌生人开门的好。”

听了我一大通危言耸听的分析之后，陈怡得出一个结论，让开门不用担心的是我，不让开门怕有坏人的也是我。

“那你说以后我一个人在家的时候，再遇到这种情况应该怎么办啊？开门还是不开门啊？”陈怡问。

“以后你不会再遇上这种情况了。”我信誓旦旦地说道，让陈怡感到很不解，不明白我怎么知道以后会发生什么事情。

“为什么？”

“因为我会一直在家里陪着你啊。”

“那你再有事出门怎么办？”

“那就把你装进行李箱里一起带上，不过——”

“怎么样？”陈怡问。

“不知道能不能买到塞得下你的大号行李箱。”

“你又皮痒了？”陈怡吼。

陈怡的朋友总是说陈怡性格大大咧咧，有点像男孩子，还问我会不会被陈怡欺负。我说会啊，我每天都在和陈怡争夺一家之主的位子。

“不会啊，大事还不都是你说了算？”陈怡贤良淑德地表现。

“有了男朋友的女人就是不一样哦。”陈怡的朋友打趣她。

“别被她蒙蔽了，私下在家里，她可是货真价实的母老虎。”我踊跃地在陈怡的朋友面前拆穿她。

“李云森，你想死啊？”陈怡大喊。

“看看，看看，暴露本性了吧！”我得逞地回应。

然后就是陈怡追着我，一场鸡飞狗跳的大战。陈怡的朋友后来悄悄和我说别看陈怡表面上什么都无所谓，很坚强的样子，其实内心还像一个长不大的小女孩，需要被好好保护，好好照顾。

“她决定嫁给你的时候，我们几个朋友都挺不放心的。”陈怡的朋友说。

“为什么？”我问。

“总觉得她和你在一起，是她照顾你更多一些。”

“哪有啊？她压榨我更多些。”我嘴上这样说，心里也知道陈怡的朋友还是很了解陈怡的，她永远是那个照顾别人更甚于关照自己的人。

有时觉得，我变得越来越不像自己，大约和什么人在一起，就会和那个人很像。和陈怡在一起，我再也不是那个莽撞的少年，有很多话说起来怕肉麻，但还是想告诉陈怡：生命给我最大的惊喜，就是让我能够遇到她。

如果是抱你，我一定用尽全力

有天晚上睡觉，我做了一个奇怪的梦。梦到一个透明的灵魂坐在我身边，语气凝重地告诉我，陈怡肚子里的孩子不是我的。我顿时从这个诡异的梦中吓醒了，看到一旁熟睡的陈怡，有些郁闷地推了她脑袋一下，陈怡被我吵醒了。

“你干吗？大晚上不睡觉——”陈怡揉揉眼睛。

“我快被你气死了，哪里还睡得着。”

“为什么？我什么时候气你了？”陈怡被我搞得莫名其妙。

我对陈怡讲了我刚才做的梦，陈怡听了之后，也用力地打了我的头一下，说自己刚才的梦特别好，被我一推，打断了。

“你梦到了什么？”我感到好奇，多嘴问了一句。

“梦到了你啊。”陈怡说道。

“啊，真的？梦到我在干什么？”听到陈怡做梦还在想着我，我心里有些美滋滋的，准备好好听一听。

“别提了，刚开始我以为是个噩梦，我梦到你被龙虾精附身，我吓坏了，拼命跑，为了逃命，我坐上一辆出租车，结果开车的司机是我最近特别喜欢的那个明星，我正准备和他好好聊一聊，就被你叫醒了，气死我了。”

陈怡能够梦到我，我自然是很开心的，但是却梦到我被什么龙虾精附身，让我有些郁闷，在她的梦里，为什么我的形象会这么奇怪？

我们两个互相评论对方的梦，一直聊到天快亮了才想起来一夜已经过去了，我指着黑眼圈对陈怡说：“你害我在梦里受惊，又在现实中缺觉。”

“我们两个现在谁更需要睡眠啊？明明是你把我叫醒的。”陈怡说。

“那现在怎么办，我们是去吃了早饭接着睡，还是继续睡到自然醒再去吃午饭？”我拿不定主意。

“我不吃了，要睡。”陈怡躺下。

“那我陪你。”我也躺下。

“你是懒得下床吧？”陈怡一眼看穿我的心思。

“别以为我不知道你也是。”

我们两个大笑了起来。过了一会儿，陈怡突然说了一句：“唠嗑唠了一晚上，没想到当时写的计划中的这一条，今天做到了。”

陈怡指的是她写的恋爱必做事项中的一项，我刚想笑她，一扭头，看到陈怡已经沉沉地睡着了。

我轻轻把陈怡搂在怀里，她的肚子已经很大了，我得很小心才能不碰到她的肚子。陈怡在睡梦中露出皱眉头的表情，我知道她这段时间，总是睡得不舒服，看到陈怡这么辛苦，除了陪在她身边，好好照顾她，我不知道自己还能够怎么分担她的压力。

陈怡有记日记的习惯，她把怀孕初期的心情和一些事情都写了下来。我看到她写的东西之后，觉得自己对陈怡做的事情还很不够，我希望自己能够在她需要我的时候，用尽全力抱着她，给她足够的勇气。

陈怡孕期日记：

第一个月。

还没发现自己怀孕的时候，可以说是最开心的时候了。

突然很反常地想做美甲（之前半年没做过美甲了）。

开始很反常地早起，每天喝一杯咖啡。

开始很反常地在大清早出门拍东西，没拍一会儿就想吐，当时我想大概是天气太热，中暑了吧，当天下午还吃了两粒中暑药。

后知后觉地发现自己的经期不太稳定。

才想到该不会是怀孕了吧，有了这一猜想的我，非常惶恐。

我想最好是没有，有了我应该也不会要吧，我还没准备好，而且我这个人体质不太好，我不断告诉自己不会是真的，不会是真的。

然后，我就看着验孕棒的两根杠杠特别红。

“李云森，我可能……”我把验孕棒举到他面前。

李云森：“啊？该不会验孕棒坏了吧？我也拿一根试试。”

我坐在沙发上，脑袋陷入一片空白，真的是一片空白，虽然也设想过，但是真的发生的时候，又觉得很恐怖，我自己真的怀孕了，我开始认真思考这颗受精卵到底要不要。

就在我纠结到底该不该要的时候，李云森一脸愁容，但是眼里不断涌现着笑意，嘴里念叨着："哎，你说，要不要告诉爸爸和妈妈？"

"什么？告诉爸爸和妈妈？"

"欸，要不然我也和我爸爸妈妈说一声？"

就在我纠结要不要告诉我妈妈和爸爸这件事情的时候，我看到李云森拿手机打起了电话。

"喂，妈？陈怡怀孕了。"李云森的语调非常轻快。

听到电话里，李云森妈妈的声音十分平静："哦，怀孕了？那好呀，什么时候回来约陈怡的爸爸和妈妈一起吃个饭，我们一起商量一下婚礼的事情。"

"嗯嗯嗯，好好好……"

既然李云森都说了出来，我也给我妈打了电话："喂，妈，就是……我……最近家里怎么样啊？"

我想先客套一下，缓解一下气氛。

我妈和我聊着家里的事情，听她的口气，心情似乎很不错的样子。

我鼓起勇气："妈，就是我……我怀孕了。"

"嗯——你怀孕了？"我妈的声音还是很平静，听起来她没有要暴怒的意思。

3 秒钟沉默之后，我妈挂断了电话。

我本来想再给我妈把电话打回去，后来又一想，还是过几天再说吧。我决定再去医院复查一次，心里还是抱有幻想，万一是假性怀孕呢？

第二天。

我和李云森打车来到附近正规的大医院准备验血检查看看是不是真的怀孕了。

结果一进到医院，我就被眼前的人群震撼到了，怎么预约妇产科的人会这么多？排号得排到后天了。

一番奔波之后，我验了血，检查结果也出来了，我是真的怀孕了。

我接受了这个现实，也接受了这个孩子。

回到家之后，开始为孕期做准备，首先把护肤品都换了，化妆品也收纳了起来，看着刚买的口红还没用几次就被塞到箱子里，心里有点小失落。

不过，转念又一想，以后可以不用经常化妆了，想想也是蛮好的，毕竟化妆、卸妆什么的特别麻烦，我在自己的一番自我调节之后，情绪慢慢稳定下来，开始认真地等待肚子里小宝贝的降生。

怀孕第三个月。

最近我们一直在筹备一些婚礼的东西。

后来想想那时候还是蛮赶的，挺佩服自己两个多月就把事情都弄完了。

因为好的日子，酒店通常提前半年都被预订了，还有化妆师、摄影师、摄像师、婚礼策划都需要提前预订。

准备的东西也蛮多的：喜糖、请帖、婚鞋、婚包、西装、婚纱、婚戒，等等。

噢对了，怀孕之后好像特别怕热，拍婚纱照那天超热的，但还是坚持拍完了，现在后悔没有多拍一些照片。

同时，孕吐也开始变得严重起来了，每次出门我都得随身带着一个袋子，因为不知道自己什么时候会开始吐起来。

试婚纱的时候也是边吐边试的，因为婚纱本身就很重，穿起来也很烦琐，我才试了四五套就花了两个多小时。

之后孕吐越来越严重，经常早上醒来吃了早饭开始吐，我只有吃面包类会好一些。

午饭和晚饭也是吃了吐，明知道会吐还是得努力吃下去。最惨的是吃了水果也会吐出来，因为不但食道有烧灼感，还冲鼻子。

不仅这样，每天还会头疼，昏昏沉沉的，只有睡觉会好受些。

那段时间体重轻了四五斤。

虽然变瘦了，我是蛮开心的，但是吐得苦不堪言，而且也担心肚子里的宝宝的健康会不会受到影响。

不过幸好每次去医院检查，医生都说宝宝十分健康。

李云森之前还幻想着是双胞胎，做了 B 超之后，他的幻想彻底破灭了。

感觉很神奇，一个生命在我肚子里长大了。

第四个月。

婚期越来越近了，我和李云森也在更紧张地通知亲戚和朋友，筹备婚礼场地，等等。

我相对轻松很多，李云森常常急得嘴唇发紫。

婚礼前一个星期，在家乡又拍了一套比较正式的结婚照。虽然每天要坐船、爬山，但是风景真的很美。

很久没出门的我，出去走走感觉心情也好了很多。

婚礼进行得很顺利。因为一直忙于婚礼，时间感觉也过得特别快，不知不觉中宝宝在肚子里长大了很多。

第五个月。

胎动开始变得明显起来，现在是每天晚上都会胎动，经常吵得我睡不着。

渐渐开始不吐了，胃口也好了很多，慢慢胖了 10 多斤。

肚子也真的开始明显大起来，以前的裙子和裤子基本都穿不进去了，得买孕妇专门的裤子来穿。

一切好像都越来越好。

但是我觉得不大好，因为胖得我很没有安全感。我不知道生完孩子之后，我会不会再瘦回以前的身材。

简单来说，我对现在的身材非常恐惧，但是我又无力改变，毕竟我是在怀孕中嘛，而且我还得继续增肥，还得多吃才能让宝宝更健康。

而且因为不能再拍衣服了，我几乎不需要化妆，每次看到素颜又胖胖的自己，觉得自己巨丑，真的很想哭。

之前孕吐严重的时候还不觉得，胃口一好起来，特别想吃蟹肉煲、小龙虾、奶茶、巧克力、辣条、冰激凌……

但是，这些东西，我都不能吃，据说只能等生完孩子，但是我知道哺乳期更不能吃这些东西，起码得忌口一年。

对了，怀孕之后，心态特别容易崩溃，我经常因一点小事就开始气得不行，因一点小事开始掉眼泪，因一点小事要调整好心态。

因为据说孩子会感受到妈妈的心情，也会影响到他们。

现在最期待的就是去做四维了，因为可以看到宝宝的长相。

因为据说孩子会感受到妈妈的心情，也会影响到他们。

现在最期待的就是去做四维了，因为可以看到宝宝的长相。

我在这里，大概会陪你一辈子

回忆起以前的事情，我们总是能说好久，笑得停不下来，那些对于我们来说幼稚而又荒唐的青春往事，是我们爱情最好的证明。

谢谢你陪我长大，谢谢你陪我懂事，因为身边一直有你的存在，所以

我的世界里，总是烟火璀璨。

居家男人的修养

有一次，我陪着陈怡去医院做产前检查，看到有一台可以体验分娩疼痛的仪器摆在走廊边上。总听人说生孩子剧痛，不知道能痛到什么程度。就在我绕着那台仪器来回打量时，陈怡从医生办公室出来了。

“怎么样？”我问。

“健康得不能再健康。”陈怡拍拍肚皮。

“那走吧。”

“哎，等等，等等，这是什么？”陈怡也注意到了那台仪器，她眼冒精光，我知道准是没好事了。

“快走吧，等一下要堵车了。”我催促道。

陈怡摆摆手，一副万事莫急的淡定样子，她端着下巴，鸡贼地笑着：“好不好奇？想不想试一试？”

“嗯……”就在我犹豫的时候，陈怡连拉带拽把我按到椅子上。

“还是算了吧。”我抗拒着，万一等下疼得忍不住大喊大叫就丢脸了。

“哎呀，来都来了，你就不好奇吗？”陈怡知道我的好奇心重。

然后，我抱着来都来了、就试一试的随意心态，体验了一下子，结果真的是好奇害死猫，我疼得简直要抱头捶地了。

“怎么样？怎么样？什么感觉？”陈怡在一旁采访我的用户体验。

我挤出一个苦笑：“还行，凑合。”

其实我疼得一直在倒吸凉气，感觉自己只有进的气，没有出的气了，觉得肚子里好像有一百只手在把我的胃当面团揉。

陈怡看出我在装样子：“擦擦你脑袋上冒的汗吧，这下子，知道当妈妈有多不容易了吧？”

“刻骨铭心。”

“哎，那我可怎么办？”陈怡本来是想恶搞我一下，结果看到我的反应，倒是把她自己吓了一跳。

“没事啊，到时候，我们可以无痛分娩，听说很管用的。”我其实心里也很没底，只能尽力安慰陈怡。

越是到了怀孕后期，陈怡就越辛苦，为了让她心情舒畅一些，我常常故意做一些搞笑的事情，说一些搞笑的话逗她开心。

有一天，陈怡盯着镜子里的自己：“真的好难过，现在这么丑。”

我："我觉得你现在很好看啊，比你以前要好看很多耶，你以前长得很丑，真的，我都不好意思和你说。"

陈怡弯腰准备去捡拖鞋。

我抱着脑袋为自己申辩："欸，我好心安慰你，我错了吗？那我要怎么说？嗯……是有点丑？"

在陈怡的拖鞋砸过来之前，我光速跑掉了。

我朋友叫我出去玩的时候，我总是和他们说自己没空，让他们出去玩，别叫我了，朋友都觉得奇怪。

"你以前那么爱玩，一到周末就找我们，现在怎么都不出门了，突然变得这么宅？"朋友问我。

"就是不爱出门了，因为家里有人需要陪。"我说道。

"不用天天二十四小时陪着吧。"朋友们都知道陈怡怀孕的事情，但是他们不理解为什么我要跟着一起在家里不出门。

"反正我不去了，你们自己玩好了。"

我以前真的是超级喜欢出去玩的一个人，每天就会找朋友问他们要不要出来吃饭、唱歌之类的。有时候，朋友嫌我烦，不接我的电话，我就会直接去他们家里找他们，拖着他们出来玩。

可是，自结婚之后，情况完全反过来了，朋友每次找我出去玩，我都说自己不去。朋友有时候直接来我家叫我，我还会说他们："怎么不打一个电话就跑来我家了？我都没叫你们，真是烦啊。"

陈怡担心我和朋友的关系疏远，私下劝我："你跟朋友出去玩啊，我一个人在家也没关系的。”

“不想和他们玩，就想和你玩。”我靠在陈怡肩膀上撒娇。

“真的假的？突然变得这么黏人？”

“真的啊。”我自己也没有想过，在结婚之后，自己会变得这么居家，其实陈怡的担心完全是不必要的，朋友虽然不理解我这种二十四小时黏在陈怡身边的心理，但是他们都说我是“新二十四孝好老公”，是他们的榜样。

不管怎么说，自我越来越宅，越来越居家之后，陈怡说我对她更细心、更体贴了，也很少和她吵架了。

“话说，我们两个以前经常吵架吗？”我问。

“是啊——”陈怡想了想，又改口说道，“也不算是经常了，但是吵的次数也不算少，而且那个时候，我和你吵架，觉得委屈，自己在哭的时候，你还要追问我到底知不知道自己错了，特别过分。”

“我那是和你讨论到底谁对谁错嘛，事情总是要说清楚的呀。”

“反正谈恋爱的时候，你老气我，现在比以前进步多了，要继续保持，好好努力，争取做得更好。”陈怡鼓励我。

“那也主要是因为你比以前更懂事了，我们一起进步了嘛。”我谦虚地说道。

在彼此鼓励、互相激励之下，我觉得自己和陈怡之间的关系越来越融洽，彼此之间也更能体谅对方，为对方着想了。

我和妈妈提过这件事，妈妈说："当然了，以前你们谈恋爱的时候，都不会考虑太久远的事情；现在你们结婚了，都要为你们这个家考虑嘛，自然就成长了。"

听了妈妈的话，我想到一件事情，我和陈怡谈恋爱的时候，常常会叫朋友到家里来玩，有男孩子，也有女孩子，我和朋友之间都很能闹，我已经习惯了这种和朋友相处的方式，没觉得有什么不妥。

有一天，朋友从我家离开之后，我发现陈怡有些不高兴，我问她怎么了，她半天不肯说，直到我问了好几遍之后，才说看到我和几个女性朋友聊得很开心。

"虽然我知道她们都是你的好朋友，我不应该吃醋，可是看到你和别的女孩子在一起那么开心，我就觉得心里有点失落。"陈怡一边说着自己的小委屈，一边自我检讨她的小心眼儿。

"她们哪里算是女孩子啊？她们都是男人婆。"

"我知道了，我没有生气，我只是——"

"好了，别说了，我了解了，我以后会注意的，好吗？"我捏一捏陈怡的脸，让她别放在心上。

"我真的没有生气，你也别不和你的朋友玩。"陈怡说了一句。

后来，在结婚后，我就很少带朋友来家里玩，一方面是因为陈怡怀孕了，我怕太吵会影响她；另一方面我也觉得应该让陈怡对我安心，也让陈怡对自己有信心。

我和陈怡说起自己的改变："你看吧，我还是很自觉自律的吧，虽然我的女性朋友都是男人婆，性格比男孩子还活泼，但是为了不让你感到不舒服，我都不主动找她们玩了。”

“我早就说了，没有要干涉你和朋友的关系啊。”陈怡没有听出来我在和她开玩笑，认真地向我解释。

“哎哟，别急呀，我朋友也都知道你怀孕很辛苦，她们也让我好好在家里陪你、照顾你，说等你生了之后，再来家里看你和宝宝。”

“反正我没有那么小心眼儿，不像你，乱吃醋。”陈怡说道。

“我什么时候乱吃醋了？”

“就是在福州的时候啊！你不会忘记了吧？”陈怡的话让我想起来了，那一次，我确实是有点吃醋。

在福州的时候，为了方便经营淘宝店，我在陈怡学校旁边租了一间公寓，陈怡周末会过来给我帮忙。

有一天，我们忙完了之后说要出去吃饭，陈怡拎着垃圾，先下楼去扔垃圾，我收拾好之后在家里等她，可是等来等去，等了好久，都没有见到陈怡上楼。

就在我有些担心，下楼去找的时候，刚走到一楼的楼梯间，就看到陈怡和一个陌生男人坐在一楼的台阶上，两个人聊得很开心的样子。

我有些生气，自己又回到公寓，等陈怡回来之后，问她：“刚才干吗去了，扔垃圾这么久都不回来？”

“哦，我遇到了一个楼下的邻居，他说他认识养猫的人，可以介绍给我们，我们不是想要养一只猫吗？”

陈怡把她手机举到我眼前，她居然还和那个男人互相加了微信，陈怡兴致勃勃地看那个人的朋友圈。

“有什么好看的？”

“有好多可爱的小猫照片啊，你看你看。”陈怡还没有发现我有些生气，她还一个劲儿让我看宠物照片。

“我们什么时候去吃饭啊？饿死了。”

“现在走啊。”陈怡挽着我的胳膊，我站在门外锁门的时候，听到陈怡的微信有信息进来的声音。

“谁啊？”我预感会是那个男人。

“我们楼下的邻居啊，他问我要不要去他家玩。欸，要不我们吃了饭，去他家里玩一会儿好不好？”

我当时真的是要被陈怡气死了，她看不出来我在生气、在吃醋也就算了，居然还好意思问我要不要一起去那个男人家玩。

“我不去，你也不许去。”说完，我就快步走下楼。

陈怡这个时候终于意识到我不对劲了，她追了上来，侧着头看着我，追问：“你怎么了？为什么脸这么臭？”

“我饿的。”

“瞎说。”陈怡突然反应过来，指着我大笑，“哦——你吃醋了，哈哈哈哈——李云森，你居然吃醋了。”

这件事被陈怡笑了很久，后来我每次见到那个邻居，都臭着脸从他身边经过，还让陈怡也不许和他说话。

“你那时候多幼稚啊，莫名其妙地就吃醋。”陈怡说起那件事，还是捂着肚子，笑得眼泪都出来了。

“你现在老实交代，你一个人去过他家玩没有？”我还是对当年的事情耿耿于怀。

“没有，你不是不让去吗？”

“哼，你肯定想去他家玩，因为你那时候总说他认识养猫的朋友之类的话。”

“哎哟，没有了，我就是想看看他那里有没有可爱的猫咪可以买而已啊，你真是小心眼儿，记这么多年。”陈怡翻了个白眼给我。

“反正当时我很生气，觉得那个有钱的男人吸引了你的注意力。”

“你怎么知道他是有钱的男人？”陈怡吃惊。

“因为我偷偷在你手机上观察过他的朋友圈，觉得他发的那些照片之类的，看起来他的生活很有钱的样子。”

“你还干过这种事情啊——”陈怡又大笑起来。

“哼，你这个恶俗的女人。”

“你这个小心眼儿的男人。”陈怡搂着我的脖子，一个劲儿揉我的脸，我就是忍着不肯笑，想让陈怡知道，我对当年的那件事记忆深刻。

陈怡笑我：“小男人。”

我欣然接受：“对啊，我就是居家必备小男人，不过我是不会和你计较的，作为居家男人的必备修养之一就是懂得体贴。”

“那我就当居家女人好了，天天和你在家里宅着，这样就不会有人来搭讪，你也不会吃醋了。”陈怡说。

“这个主意好。”

我想当年的小小醋意，其实更多的是担心，担心陈怡会离开我，担心陈怡会去一个更好的人身边。

因为在乎，所以会为了配得上她而更加努力。

因为在乎，所以会为了配得上她而更加努力。

有你在，就是有全世界

陈怡怀孕的后期，我因为要考驾照，就回老家待了一段时间，虽然时间不是很长，而且陈怡妈妈也会在杭州照顾她，但是，我每天还是会和她视频，给她讲好笑的话，因为陈怡怀孕期间情绪不太稳定，我知道我不在她身边，她一定会偷偷难过。

有一天，我从驾校回家的路上，给陈怡打了好几个电话都没人接，虽然知道有她妈妈陪着她不会出什么问题，但是我心里还是忍不住地担心。

一直到我快到家的时候，陈怡的电话才打过来："你干吗啊？有急事啊？打了那么多电话！"

"你怎么一直不接电话啊？"我有些急了。

"我在睡觉啊，手机静音了，没有听到。"陈怡试探性地问了一句，"怎么了？你那边出什么事情了吗？"

"没有了，我还以为你有什么事呢。"

"噢，你在担心我。"陈怡的声音听起来很开心。

“你还笑！以后不许随便不接我的电话，知不知道？”我很严肃地对陈怡说道，她连声说好。

和陈怡通完电话之后，我看到在我前面走着一对老爷爷和老奶奶，老爷爷拄着拐杖，老奶奶搀扶着他。老爷爷走得很慢，老奶奶也不催他，很有耐心地和他说着话，两个人笑得满脸的皱纹都开了花似的。

也许，再过六十年，我和陈怡也会这样，两个人互相搀扶着，一起过马路，一起逛公园。

心里这样很温馨地想着，就拿起手机给陈怡发信息，把我前面那对老人的背影拍下来给陈怡看。

“我们老了以后，也会像这样温馨吧？”

陈怡很快回复：“嗯，我们会是另一种风格的温馨，比如我会推着轮椅，轮椅上坐着你，你在打游戏。”

“为什么坐轮椅的会是我？”

“因为你很懒啊，缺乏运动，老了以后肯定没我身体好，得需要我来照顾你。想想我就觉得自己很辛苦。”

“那你可以找一个护工给我推轮椅。”

“不要，还是我自己推比较安心。”

我和陈怡在微信聊了许多乱七八糟的关于老了之后的设想，我发现不论我们怎样设想将来的生活，陈怡总是认为在未来的生活中，她是照顾我的那一个。

或许在陈怡的心里，一直认为在我们的生活里，她理应承担起照顾我的责任，我们刚结婚的时候，家里需要收拾，总是陈怡去做。

我跑过去帮忙："我来帮你拖地。"

"不用了，我都快弄完了。"

"放手了，你拖地拖得那么用力，是不是嫌我没帮忙，又在心里面生我的气？"我抢过拖把。

"我哪有生气啊？"陈怡不承认。

"就是有，脸那么臭，肯定在气我不帮忙做家务。"我这样说，但是陈怡始终说自己没有在生气。

后来，我们无意中说到了打扫家里卫生的事情，陈怡向我抱怨："你看你啊，衣服、鞋子乱丢，从来也不收拾，都是我来洗。"

"你没叫我帮忙啊。"

"这还需要我叫你帮忙啊？你看到了就应该收拾一下啊。"

"我看不到啊，我以前都是这样随便放的。"我的确没有特别整洁的收纳习惯，手边的东西总是随手放。

"你就是懒。"陈怡总结道。

"你看吧，上次你就是因为我没有和你一起搞卫生在生气，当时还不肯承认，现在又说我懒。"

"没有了，我那是在用行动告诉你，偷懒不好，影响家庭和谐。"陈怡的回答让我一时语塞。

"你变得好会讲话哦。"

“和你学的。”陈怡一点也没有谦虚。

我是被认证了的懒货，做家务这项活动从来没有被列入到我的每日事项中去。陈怡虽然总是念叨我，但是她的动手能力也只是比我强一点。

我们家里大部分时间都像洗劫现场，常常会为了找一个东西几乎要把房顶翻过来，陈怡还总会邀功：“又是我找到的，看吧，没有我，你可怎么办？”

“我会哭。”

“又乱讲。”陈怡大笑。

其实我说的是真心话。在我和陈怡谈恋爱的时候，有一次，我们两个人忘记为什么事情吵了起来。陈怡一整天都没有理我，我给她发信息，她也不回。我不知道该怎么办，就问我的朋友们：

“怎么样才能让陈怡理我啊？”

“下跪啊。”朋友开始给我出损招。

“还有呢？”

“打自己耳光吧。”朋友伸出手，“或者我帮你也行。”

我让他们别闹了，赶紧帮我想办法，朋友们看到我真的着急了，也就不再笑我了，有一个朋友想出一个主意，说我可以假装去外面玩，看看陈怡有什么反应。

于是，朋友就在网上找了一些图片，让我发到朋友圈里，伪装成我因为心情不好，而外出散心的样子。

第二天一大早，我就用我朋友给我找的照片，在朋友圈发了一条仅陈怡可见的消息，丰盛的早餐图片，还配了一句话：“一个人的早餐可以多吃点！”

当时我觉得陈怡肯定很快就会问我在哪里吃那么好吃的早餐，因为陈怡很喜欢吃好吃的东西。但是我等到了中午，陈怡也没有理我。

朋友问我：“陈怡理你了吗？”

“没有啊。”我有些丧气。

“你不是说让我帮你找一些看起来很美味的早餐照片，陈怡看到一定会和你说话的吗？”朋友嘲笑我。

“我再发一张试试看。”于是，我在中午的时候，又发了一张爬山的照片，假装自己在爬山。

等到了下午，陈怡还是没有理我，我又发了一张温州的风景照片，假装自己在温州，还假模假样地问有谁会来温州找我玩。

我想陈怡看到我一个人去了温州，肯定会打电话来问一问我为什么要去温州，但是到了晚上，陈怡也没有在朋友圈给我留言，也没有打电话找我。

过了几天，还是我去找陈怡讲和，我们才和好。和好之后，我没有讲前几天在朋友圈发图片求关注的事情，陈怡还以为我当时真的一个人跑去散心了。

陈怡问：“你干吗不找我，自己跑去玩？”

完成　详情

🍊🐟
一个人吃早餐可以多吃一点😏😏☺️
2017年9月23日 上午9:50 删除

🍊🐟
被wtt骗来爬山😊😊跟傻子一样
2017年9月23日 上午10:10 删除

🍊🐟
下午去温州有没有人一起?
2017年9月23日 上午10:24 删除

🍊🐟
温州……这有点无聊……
2017年9月23日 下午6:03 删除

< 详情　可见的朋友

陈怡124 可爱美丽最❤️的女人(怡妹😍😍😍)

“我不开心啊，你又不理我。”

“你没来找我啊，你来找我，我肯定就理你了。”

“你不理我，我怎么好意思来找你？”我还忍着，不肯立刻告诉陈怡，其实那天我根本没有出去玩，只是一个人在家里守着手机，盯着朋友圈看了一天。

但是，那条仅有她可见的朋友圈信息底下，始终没有一个回复。

又过了几天，陈怡拿着我的手机玩，无意中看到了我发的那几条朋友圈是仅有她可见的，她觉得奇怪，就逼问我，我就告诉她那天我压根儿没有出门，图片都是朋友找来给我，想骗她理我的。

“这招好土啊。”陈怡撇撇嘴。

“还不是跟你学的？”我和陈怡说道。

陈怡心领神会地笑起来：“你怎么知道我一定会看朋友圈？没准儿我当天会很生气，压根儿不看手机呢？”

“我知道你一定会看啊！你以为你是我啊？”我是很少看朋友圈的，基本上朋友圈里的朋友动态，我都不怎么清楚。

有一次，我和朋友去外面玩了很久，没有带陈怡，陈怡给我打电话，我也没有听到，给我发消息，我也没有及时回复，陈怡有点失落，又不肯说出来，就在朋友圈发了一条信息，写道：“有种男朋友好遥远的感觉。”

她想让我看到之后，知道她心里不高兴，然后赶紧打电话给她。

但是我不看朋友圈，根本不知道她发过这样一条故意写给我看的朋友圈信息。一直到后来，陈怡说起这件事，我翻看朋友圈才找到那条信息。

“我们当时为什么不直接一点，总是要在朋友圈里发来发去？”我有些不明白当时谈恋爱的心态。

“那时候都很做作嘛。你说的，我们的恋爱就是从互相做作地装样子开始的。”陈怡学我之前说过的话。

“的确是啊，你看你那时候发给我的信息，好恶心的。”我翻到我们刚谈恋爱的时候，陈怡发给我的信息。

陈怡发了一张很可爱的图，跟着在后面写道：“森森，我好想看星星。”

“你看，那个时候装可爱，多做作。”我做呕吐状。

“你还说我！你那个时候也很做作的好吗？”陈怡指着我下面的回复说道。我当时给陈怡回复了一句：“可想你了。”

“我那是为了满足你看星星的要求啊。”我说道，在微信上说想你，就会在屏幕上出现许多星星。

我和陈怡对视一眼，相互摇了摇头，觉得我们刚谈恋爱的时候，做的许多事情，说的许多话都太肉麻了。

“为什么我们以前会那么幼稚，而且当时还不觉得？”我问陈怡。

“因为那个时候我们本来就很幼稚，当然就会去做幼稚的事情了。”

陈怡这样说着，接着又说了一句，“不过还是蛮好玩的。”

回忆起以前的事情，我们总是能说好久，笑得停不下来，那些对于我们来说幼稚而又荒唐的青春往事，是我们爱情最好的证明。

谢谢你陪我长大，谢谢你陪我懂事，因为身边一直有你的存在，所以我的世界里，总是烟火璀璨。

谢谢你陪我长大，谢谢你陪我懂事，因为身边一直

有你的存在，所以我的世界里，总是烟火璀璨。

答应你的事情，我都会记得

陈怡从医院产检回来，说看到了宝宝的样子。当时我在外地，陈怡既开心又担忧地给我发微信说这件事情。

陈怡：“感觉嘴巴很像你。”

陈怡：“鼻子也是。”

陈怡：“哈哈哈哈哈哈。”

我：“鼻子完蛋了，像我们两个合体的。”

陈怡：“什么合体啊？”

我：“我的大一点，但是长一点，可是你的又短。”

我：“就变成又大又短的鼻子了。”

陈怡：“……”

随着宝宝出生的日期越来越临近，我和陈怡都是又紧张又期待，陈怡也变得越来越辛苦，常常感到很疲惫。

“陈怡，你还记不记得，我们刚谈恋爱的时候，我总是打赌输给你，然后答应你一个要求？现在你可以让我兑现承诺了。”我每天陪陈怡外出散步的时候，都会找一些有意思的话题和她讲，有一天，我忽然想起来我那时候和陈怡总是打赌，我总是输给她，她就让我答应她一个要求。

“是哦，那时候你大概向我承诺了一百多件事情吧，都没有兑现。”陈怡也想了起来，不满地说道。

“对啊，现在我就兑现，你快说，先兑现哪一个？”

“我想一下。”陈怡努力回忆。那天，一直到散完步回家，临睡觉之前，陈怡都还在努力回忆。

“你想到了没有？”我打着哈欠。

“我忘记了，我都和你说过些什么要求啊？”陈怡向我求助。

“我怎么会记得啊？快点想啊，过了今晚十二点，就过期不候了，你要抓紧时间啊。”我看看手表。

陈怡想着想着就睡着了。第二天一早，我被陈怡摇醒，她兴奋地说道：“我想到了一个，终于想到了一个。”

“可是天已经亮了，没用了。”我翻个身，听到陈怡在我身后发出懊恼的声音。

我忍着笑，没有出声，其实陈怡不知道，我答应过她的事情，统统都记得，我说自己不记得，只是在逗她而已。

陈怡对于我，总是无条件地相信，不管我是在逗她玩，还是说的是真话，她都会第一时间相信我所说的一切。有时候，我故意逗她，就编一个破绽很多的故事讲给她听，但是陈怡从来不会怀疑。

“这样的事情你都会相信啊？”我编不下去的时候，忍不住问陈怡。

“是假的吗？我以为你说的是真的啊，原来是假的吗？”看到我在问她，陈怡还是半信半疑的。

“当然是我编的了，世界上怎么会有这么扯的事情？”

“我没有想那么多啊，你说是真的发生过，我就相信了。”陈怡对我的话，从来不会有任何的怀疑。

我以前在书里看到过一句话：“最好的爱情，不是知道为什么我爱你，而是我爱你，却没有任何理由。”

就如同陈怡对我无理由地信任，我对于陈怡，也是无理由地喜欢。

陈怡的肚子变得越来越大，我每次和她走在一起，都觉得她的身影从后面看，就像是一个气势汹汹要去找人打架的女人。因为挺起的肚子，把陈怡的胳膊架了起来，她就像挺着将军肚一样，雄赳赳气昂昂的走路姿势，看起来很好笑。

我们去拍孕期照片的时候，摄影师说：“妈妈的肚子挺起来，爸爸半蹲到妈妈面前，做出贴耳倾听宝宝说话的样子。”

我把脑袋侧着贴在陈怡的肚皮上，感觉到陈怡的肚子在动：“你的肚子动了，动了啊！”我惊奇地叫道。

陈怡还没有开口，摄影师见怪不怪地说道：“那是胎动，宝宝在和爸爸还有妈妈交流呢。”

“真的吗？他在说什么？”我越发觉得神奇。

陈怡摸着我的头，慈祥地笑起来：“他在笑爸爸像个傻子。”

拍完照片，回到家里之后，我还是对宝宝会动这件事感到很新奇，时不时就要把耳朵贴到陈怡肚子上去听一听。

“你很烦啊，一晚上一直趴在我肚子上。”陈怡抱怨。

“奇怪，怎么这么久也不动了？”

“宝宝也觉得你很烦啊，不想和你交流了。”

“不会啊。我这么和蔼可亲，宝宝，来，说句话嘛。”我的话音还没落下，陈怡的肚子就动了一下。

我和陈怡都愣住了，我感慨：“好神奇啊。”

接着，我贴近陈怡的肚子，问：“宝宝，你是不是可以听到爸爸的声音？”

陈怡的肚子又动了一下。

我感到越发不可思议了，赶忙又对着陈怡的肚子说：“你是不是可以摸到爸爸？”

肚子又动了一下。

我越发确定这是宝宝在和我交流，连忙继续问道：“宝宝，你来告诉爸爸，你是男孩还是女孩？如果你是男孩，你就动一下；如果你是女孩，你就动两下。”

然后，陈怡的肚子就恢复了平静，一整晚都没有动过。

我有些失落：“宝宝在肚子里就这么调皮，将来生出来，岂不是要和我每天玩猫捉老鼠的游戏了？”

陈怡没说话，只是看着我笑。我又在她脸上看到了慈祥的笑意，感觉现在的我在陈怡眼中，就是她的第二个孩子。

第二天，陈怡说她看着我和宝宝认真交流的样子，觉得特别暖心，就像是大冬天喝了一杯姜枣茶，整个身体都是暖烘烘的。

在陈怡怀孕的后几个月，她照旧写了孕期日记，记录了那段时间她的身体状况和心情的变化。

陈怡的怀孕日记：

第六个月。

感觉心情很容易不好，很压抑，因一点点小事就开始哭。

腰也开始巨疼……耻骨疼。晚上转身都困难。

也比以前更容易腿脚抽筋。

肚皮也开始好痒，我猜可能要长妊娠纹了，应该是在家里闷得太久了。

李云森看我很无聊，也想带着我去旅游一番。

我们兴致勃勃看了好多个旅游的地方，不是签证办不了，就是旅途比较艰辛劳累的样子，还是作罢。

好好养胎吧……

好在过了一个生日，让我压抑的情绪稍稍散去，虽然是匆忙准备的生日惊喜，但我还是为这从未有过的策划而感动。

毕竟李云森从一个不记得我生日的男孩，成长成了知道为我考虑，制造浪漫的男人了。

他为我做的照片墙，我很喜欢这个惊喜。

我生日的愿望有很多，但是今年的生日愿望最优先的还是宝宝能够平安地出生吧。

因为李云森要考驾照,他就回老家了。我让我妈妈来杭州陪我。他不在的时候,我好像吐得更严重了,可能是……宝宝在想爸爸吧。

不过我们每天还是要视频,他每天都在镜头对面逗我笑,当爸爸也是当得很辛苦了。

去做了三维,发现宝宝的鼻子貌似不大好看。

我俩有点难过。

他在外地的日子里,我和妈妈一起去做的糖耐检查,产检里最难受的一项。

去做糖耐检查之前,我内心有一种“没有复习也可以考一百分”的莫名其妙的自信,前一天晚上八点加餐一顿就睡了。

第二天,先去空腹抽血,再喝浓度很高的葡萄糖糖水。第一口的时候觉得,很甜嘛,我就喜欢吃甜食!

到第十口,我就想哭了,真的喝不下去了,感觉粘在喉咙里,齁甜齁甜,又因为没有吃早饭,感觉在胃里翻。

勉强喝完全部的糖水,没一会儿,我就有一种晕车的感觉,身体在发热,糖水往上涌,闭着眼睛休息也完全没用。

没过 20 分钟,我就吐了,真的太丢人了。只能下次再来做糖耐检查,这项产检对于我来说真的是一场折磨。

但是确实是非做不可,孕期特别容易高血糖,这对孕妇和宝宝都有很大危害,要是检查出来就得留院观察了。

拿到驾照的李云森很快回到杭州照顾我,他几次一脸嘚瑟地拿着驾照向我显摆，那副表情真的很欠扁。

圣诞节的时候，我和李云森去参加活动晚会，这个时候，我的肚子很明显就可以看出来了。

也因为四处走走，心情舒畅了很多。我开始理解之前看到孕妇去蹦迪、喝酒的视频，因为一直待在家里什么都不能做实在是太可怜了。

我一直自认为，我是一个待得住的人，之前也不爱去酒吧那些地方，很宅。

然而就是这么宅的我，疯狂地想等生完孩子去蹦迪蹦个几天几夜。

可能生完孩子，我就重生了。

哈哈哈哈哈哈哈哈哈……

大概六个月零三周的时候，我的妊娠纹开始明显。对于这一发现，我难过了一个晚上，其实也不爱穿露腰的衣服，也不会穿比基尼，但是莫名其妙掉下了眼泪。

李云森说这是当妈妈的美丽象征，觉得这个妊娠纹很与众不同、很漂亮。

面对这么丑的疤，他真的是什么鬼话也能说得出来。

虽然心里已经有预期会长妊娠纹，但是内心还是后悔了一点，可是又想到这是和李云森爱的结晶，心里又觉得还是值得的。

李云森每天晚上都会趴在我肚子上听胎动。

我俩的感情也越来越好，虽然本来就很好。不过现在怀孕了，会有一种真的很离不开对方的感觉。

就像前几天他去考驾照，我不难受，肚子里的宝宝也会造反。

在肚子里的宝宝的陪伴下，我们过了在一起后的第三个元旦，也是我们恋爱的三周年纪念日。

想起去年的纪念日，我们还在为未来担忧，还很不成熟地吵架分手，而今年宝宝就快要出生了，一下子就要当爸爸妈妈了。

我们两个人都变得成熟了许多，这种感觉真的很奇妙。

莫名就喜欢你

陈怡快到预产期时，我为她打气加油。

有一天晚上，陈怡做梦梦到我替她生孩子，半夜笑醒了，一脸向往地说出了希望梦想成真这种话。

我当然是很贴心地安慰了她，我说：“陈怡，其实你还可以想想更开心的事情。”

陈怡一脸期待：“什么事情？”

我严肃地说：“你可以加油，把小孩子生在 3 月 16 日 6 点 6 分 6 秒。”

陈怡不懂：“为什么？”

我点拨她：“这样我们的小孩子就 666 了。”

陈怡一个晚上没再理我。

我总是逗得陈怡不想理我，陈怡也常是一脸无奈地和我商量：“李云森，我们是不是应该调整一下我们的相处模式？”

“可以啊，你说怎么调整？”我很配合。

“我们已经结婚了，能不能在今后的互动中多一点成熟感，不要总是拿我开玩笑，好不好？”

“好啊。”我痛快地答应。

“那好，”陈怡很满意，接着对我说，“那我先来试验一下，我问你一个问题，你要真诚地回答我。”

“保证百分之一千的真诚。”

“你为什么会喜欢我啊？”果然，女人的问题总是逃不过这样的题目范围，比如你为什么喜欢我，我有什么值得你喜欢的，你会不会喜欢比我更好的人之类的。

“这个，就说来话长了。”

“那就慢慢说，我有时间。”陈怡把腿盘起来，认真听。

“你还记得咱俩还不太熟的那个时候，我总是去你和你朋友常走的那条小路等你经过，等到你，又不好意思和你说话的事情吧？”

“记得。”

“有一次，我和两个朋友一起去那里等你，朋友没有见过你长什么样子，他们想去看看你的样子，我让他们装作若无其事的样子，从你身边经过，然后他们看了你一眼后，回来对我说——”

“说什么？”陈怡问。

“说你其实还好啊，他们还说我吹牛，把你夸成大美女，但是实际上很一般，很普通的样子。”我看到陈怡撇嘴。

“这和你喜欢我有什么关系啊？”陈怡觉得我这个故事的前期

铺垫有些太长了，她的腿都酸了，换了个姿势。

“然后我就厉声斥责他们胡说，说他们没有品位，说他们眼睛瞎，说他们分不出美丑，总之说了他们一大堆。这下你知道我为什么喜欢你了吧？”

“我不知道啊。”陈怡一脸茫然。

“真笨，我朋友都知道，你还不知道！他们当时就说了，因为我——瞎啊——”我话还没说完，就被陈怡揪着领子，让我说清楚。

我当时每次只是远远地看着陈怡，虽然在QQ空间上见过照片，当时觉得这个女生长得很可爱，但是在现实中，我没有什么机会近距离地接近陈怡，我的眼睛有点近视，我又不爱戴眼镜，所以，每次看到陈怡，只是远远地看一个很模糊的身影，脑子里一直认为她就是照片上的样子。

我的两个朋友说陈怡长相很一般后，我还觉得他们在瞎说，直到我和陈怡在跨年那天见到面之后，我发现陈怡本人和照片上长得有些不一样，心里想果然女孩子的照片都是不能完全相信的。

但是，陈怡的性格是很可爱的，也常常会有一些很可爱的小表情，整个人给人很舒服的感觉，就让我忘记了她放在网上的照片的样子，觉得现实中的她更真实、更可爱。

“因为我瞎猫碰上死耗子，我们是缘分来了不可挡，是天生一对啊。”我尽力地对陈怡解释道。

“你才是死耗子。”陈怡追着我满屋子跑。

“你刚才还说我们的相处方式要成熟一些，哪一对成熟的夫妻会在屋子里斗殴啊？救命啊！”我喊起来。

“我不管，你说我是死耗子，我要收拾你。”陈怡紧追不放。

“我说的是缘分天注定，我们是天生的一对啊。”

“胡说，你刚才明明不是这样说的。”

打累了，我们暂时“休战”后，陈怡才说起她为什么想要知道我喜欢她什么，为什么会喜欢她，因为我和她在一起不久之后，她的一个朋友无意中说了一句话：“他为什么会和你在一起啊？”

这句无心的话，让陈怡觉得有些失落，她觉得和我在一起好像有很大的压力，觉得周围的人都不看好我们。

“你怎么会那么介意别人的话啊？我喜欢你不就行了？”我有点心疼陈怡。

“当然会介意了，因为我自己也觉得你喜欢我，好像是不可思议的事情，我没想过你会喜欢上我啊。”

“我就是喜欢你啊，这有什么不可思议的？”

我后来又听陈怡讲了我们在一起之前，她就已经从她同学口中听到了我两次，第一次，是她的一个同学和她聊八卦，说自己在公交车上遇到了多年没见的小学同学。

那个同学很夸张地说："我的那个小学同学现在长得可帅了，特别帅，我都差点没认出来。"

陈怡："有照片吗？让我看看。"

那个同学说下次再见到，就拍一张照片给陈怡看。后来，我和陈怡在一起很久之后，那个同学拿了一张我的照片给陈怡看，陈怡发现同学口中的帅哥，就是我。

还有一次，陈怡的另外一个同学去买东西，遇到了也正巧在那里买东西的我，那个同学也回去和陈怡聊八卦，说自己遇到了一个帅哥。结果不久之后，陈怡发现，那个同学口中的帅哥也是我。

所以，当时的陈怡一直认为大家眼中的我都很好，而她很普通，她总觉得自己和我在一起不踏实，感觉我们随时会分开。

"那你当时怎么都不跟我讲？我都不知道你那时候会想那么多东西。"我问。

"刚在一起，怎么好意思讲那么多内心戏啊？你说的，刚在一起，大家谈恋爱都很表面，都想做出很高兴的样子啊。"

陈怡的话，让我想起了很多当初的事情。陈怡的性格是很文静的，我与陈怡一起和朋友出去玩，朋友总是对我讲："陈怡怎么这么乖、这么文静？真是乖乖女。"

我那个时候也觉得陈怡是情绪不是很大的那种人，她不论遇到什么事情都很平静，不像我，性格有时会比较急，不受自己控制。

但其实如果我足够细心的话，就能够看出来陈怡有时候，并没有她表面看起来那么开心。

有一次，我给自己染头发，染了一个棕色的头发，陈怡见到后，觉得很酷，就让我帮她也染一个颜色。我觉得女生染红色好看，就自作主张地帮陈怡染了红颜色，结果染好之后一看，效果有些一言难尽。

“你觉得怎么样？”我心虚地问。

“还好啊。”陈怡没有多说什么，只是说自己不适合，想要染回黑色，我就又买了黑色染发剂，帮她染回了黑色。

其实，我当时如果注意点，就会发现陈怡很不开心，她本来想要和我染一样的颜色，我自作主张地帮她换了其他颜色，效果还那么差。

但是，陈怡就是这样，心里有什么委屈和不高兴，总是很少表达出来，她自己消化几天，就过去了。

“你当时干吗不像现在这样骂我啊？让我过了好久才发现你当时染完头发很不高兴。”我问。

“我觉得你费尽心思帮我染头发也很辛苦啊，而且你帮我选红色，也是觉得我染红色比染棕色更好看，我怎么好意思说你啊？”

陈怡总是这样，即便自己在生气，也要为别人找开脱的理由。

我想如果要回答陈怡的那个问题，为什么我会喜欢她，大概就是因为一见钟情、再见深情吧。

见到她的第一眼，就觉得她住进了我的心里面，在之后的相处中，总是想要和她待在一起，所有的好感和喜欢，就像是下雨后的种子，自然而然地生长着，我自己也是无法控制住的。

见到她的第一眼，就觉得她住进了我的心里面，在之后的相处中，总是想要和她待在一起，所有的好感和喜欢，就像是下雨后的种子，自然而然地生长着，我自己也是无法控制住的。

听爸爸的话

小芋丸，你好！

你还在妈妈肚子里的时候，有一天晚上，我和妈妈讨论该给你起一个什么样的名字好，因为我们都是新手爸妈，起名字这种事情很没有经验，所以，我们决定先起个小名练练手，就算将来你不喜欢，反正也是家里人在叫，你应该不会太介意的吧。

那个时候，我其实有一个很中意的名字，我觉得你一定会喜欢，但是，你妈妈死活不同意。

最后为了公平起见，我和你妈妈说我们都不要争了，让肚子里的你来做决定，我说出名字，如果你同意的话，就在妈妈肚子里动一下。你妈妈觉得这个主意还算不错，就点头答应了。

我："猪头肉——"

你安静得一点面子都不给我。

我："鸡腿——"

你继续做一个安静的美男子。

我：“鸡排——”

我：“草莓——”

我：“樱桃——”

你妈妈拦住了我，说我要是再这样念下去，她就要派我去做消夜了。

我不死心，做了最后的尝试，我把之前你妈妈一直反对，但是我坚决拥护的名字认真对你念了出来：

“赘肉——赘肉——”

然后，大约在我念到第十遍的时候，你终于动了，你妈妈瞠目结舌，我满意地闭上了嘴巴。

你现在看起来很小、很柔弱，但是我知道，你会慢慢地长大，总有一天，你会长成男子汉，成为独当一面的男人。到了那个时候，你不再需要爸爸和妈妈的照顾，你会离开家，去你向往的地方。

爸爸不会阻拦你，会祝福你得到你想要的东西，只要你肯为自己的目标付出努力，就一定会取得进步。

但是，我还是想说，爸爸对于你最重要的一点期望就是，希望你能够幸福健康、平安快乐。

我不会要求你的将来有多成功，我只希望你能够去做自己喜欢的事情，和自己喜欢的人在一起。因为这样，你得到的快乐才足够纯粹，你的人生才会简单又丰富。

在爸爸读书的时候，总认为将来进入社会，要成为很有钱、很有能力的人，那样才会得到幸福。但是现在，爸爸发现并不一定是这样的，人获得幸福的途径有很多种，但是最直接、最简单的一种就是让自己的内心安定，不论你将来拥有的财富有多少、地位有多高，内心的丰富才是最重要的。

我现在常常怀念读书的时光，觉得那段中二岁月短暂又难得，那是我人生中难得的一段既有梦想又轻松的岁月。

那时候，一到周末，我和宿舍的几个同学就会去离学校很远的地方玩。那个地方在我宿舍一个同学的姐姐家附近，我们每次去那边都是走路去，从来不坐车。现在想起来，我们当时好像也不是没有坐车的钱，但是几个男生，就是嘻嘻哈哈地走路去，会走好几个小时，累得要死。其实现在想起来，那里也没什么好玩的。到那边之后，会去同学姐姐家里吃顿饭，然后再回到学校。

听起来是不是很无聊，还很累？回到学校之后，两条腿酸沉得要命，但是当时就是觉得很好玩。所以，爸爸想告诉你的是，我们这一生啊，总是会做许多看似毫无用处的事情，但是不要去计较那么多，只要你当时是真的快乐就好。

本来在家里的时候，我还有点胖，脸肉嘟嘟的，有点婴儿肥的感觉,家人和朋友那时候常叫我“小胖”,但是经过一个学期之后，我回到家里，家里人都吃惊了，觉得我瘦了很多，都问我怎么瘦下来的。

“运动啊，很简单。”我回答得十分自如，但是只有我自己心里清楚，每次和同学长途跋涉时，心情都是又崩溃又好笑。

但是，现在我常常会想起那段日子，想起那个时候，一起在路上同行的朋友和同学。你知道吗？对于我们来说，最珍贵的，永远是逝去的日子，想要不留遗憾，就要好好珍惜眼前的时光。

我不会要求你的将来有多成功，我只希望你能够去做自己喜欢的事情，和自己喜欢的人在一起。因为这样，你得到的快乐才足够纯粹，你的人生才会简单又丰富。

致敬生活中的小美好

不论我在外面过得有多好，或者有多不顺利、多糟糕，我都不觉得有什么大不了的，因为我的家人会一直在我身后支持我，他们会给我最好的拥抱。

我希望自己能够和你们一起共同努力，我们都要为自己的生活负责，

因为我们还要和我们喜欢的人共同走过很长的一段人生路。

一首歌的时间，把拥抱变成永远

陈怡唱歌很可爱，她有些五音不全，调子常常跑到了外太空去。我们刚在一起的时候，我总是想尽办法让她张口唱歌，陈怡很不好意思，一直不肯开口唱。有一次，她的朋友约她到 KTV 唱歌，陈怡叫我一起去。

“你们女孩子一起唱歌，我一个男生去不好意思啊，我还是不去了吧？”我不习惯和一堆女生一起玩。

“没事的，我的朋友们都想见见你，看看你长什么样子，她们中有的人还没见过你呢，你去吧。”陈怡晃着我的胳膊央求。

“好吧，好吧。那到了 KTV 你会唱歌吗？我还没听你唱过歌呢。”

“到时候你去了就知道了。”陈怡卖关子。

到了约定的时间，我就陪陈怡去了 KTV。她的朋友都很友好，我们互相认识了之后，她的朋友就让我唱一首歌。

我当时不知道唱什么歌好，就说让她们随便帮我选一首好了，陈怡的朋友说："哎呀，你去选一首歌嘛，就当是送给陈怡的。"

我就去点歌机那里随便点了一首当时很火的《父亲》，开始唱的时候，我还没觉出有什么不对，但是，我唱着唱着，发现陈怡的那些朋友都在偷偷捂着嘴巴笑，陈怡也忍着笑意看着我。

总是向你索取 却不曾说谢谢你
直到长大以后 才懂得你不容易
每次离开总是 装作轻松的样子
微笑着说回去吧 转身泪湿眼底
多想和从前一样 牵你温暖手掌
可是你不在我身旁 托清风捎去安康
时光时光慢些吧 不要再让你变老了
我愿用我一切换你岁月长留
一生要强的爸爸
我能为你做些什么
微不足道的关心收下吧
谢谢你做的一切 双手撑起我们的家
总是竭尽所有 把最好的给我
我是你的骄傲吗 还在为我而担心吗
你牵挂的孩子啊 长大啦
……

“我唱得怎么样？”我唱完以后问陈怡。

“挺好。”

“那你们笑什么？我今天看起来很奇怪吗？”我打量自己，似乎没什么不妥的地方。

“没有呀，就是觉得你唱歌蛮好听的。”陈怡很真诚地看着我说。

“那当然了，我可是麦霸。”我看到陈怡的朋友们在点歌机前面围着点歌，推一推陈怡，“你要不要和我合唱一首歌啊？”

“不要，很丢脸。”陈怡不好意思地摇头。

“没关系的，选一首简单的，好不好？”我准备去点歌，陈怡一直使劲拉着我，说她不要唱歌。

后来，大家都玩得很开心，玩了好几个小时才散场，陈怡也拿着话筒唱了一首歌，不过当时开着原声，我没太听到她的声音。

在送陈怡回家的路上，陈怡心情很不错，时不时还会哼哼曲调，我问她：“干吗不好意思唱歌啊？你的声音蛮可爱啊。”

“我唱歌不好听。”陈怡抿着嘴巴。

“你的朋友觉得我怎么样？有没有和你说我的坏话？”我想起来在 KTV 的时候，陈怡不停地和她的朋友们咬耳朵。

“没有啊，她们觉得你很好、很有趣。”

当时大概是傍晚六七点钟，街上的行人很多，我和陈怡走在人行道的树荫下，远处的天边有红色的晚霞。

“以后有时间，我们再来唱歌吧，就我们两个人，你想听什么歌，我唱给你听。”我和陈怡约定。

“好啊，但是你得答应我，不能逼我唱歌。”陈怡提出要求。

“成交。”

后来，我和陈怡每次去 KTV 唱歌，几乎都是我的专场，陈怡就坐在点歌机前面负责点歌。

有时候，我会想尽各种办法让陈怡和我一起唱歌，她也会拿起话筒，很小声地配合我唱上几句。

“是不是很难听？”陈怡心虚地问我。

“不会啊，很好听，不要这么没自信嘛。”我觉得陈怡唱歌的时候，总是很不好意思的样子，其实她只要放开声音，唱得没有她自己说的那么不好听。

在一起唱歌的时候，我和陈怡度过了许多快乐的时光。刚在一起的时候，她很喜欢听我唱《那一次》，每次去 KTV，她必点那一首歌让我唱。

“都听了这么多次了，还没听厌啊？”

“不会啊，很好听。”陈怡说她很喜欢这首歌的歌词，感觉就像是专门写给我们两个人似的。

那一次

我突然遇见你

那种擦肩而过我不会在意

闻着那空气

带着你的香气

我从今以后不断多在意

再一次

我再次看见你

这一次我会向你看去

熟悉的味道

让我回忆起你

我从今以后不断去寻觅

那一次

那一次我不在意

哦……

这一次

这一次我难忘记

一次又一次

一次又一次

我总是一次一次遇到你

那一次

那一次我不在意

哦……

这一次

这一次我难忘记

一次又一次

一次又一次

我的脑海真的出现一个你

……

我们两个结婚后，陈怡也总是会突然在家里点歌，这首《那一次》也是她必然会点的一首歌。

“听了这么多年，还要听啊？”我问。

“听啊，要一直听到老。”

“不如换一首歌吧，我会唱很多首啊，让我换一换风格。”

“好啊，先唱完这首，就让你唱别的歌。”陈怡正襟危坐，已经做好了听我“开演唱会”的准备。

我常常在给陈怡唱歌的时候，会想起我们以前很多的事情，觉得就像是有一个开关，唱歌的时候就会打开这个开关，会让许多回忆再次变得鲜活起来。

有段时间，陈怡把周杰伦的歌都找出来听，我问她：“噢，好久之前的歌了，干吗突然想要听？”

“我们以前常听的啊！你还记不记得，那个时候，我们在福州的时候，每次我去找你，你都给我唱周杰伦的歌？”

“不大记得，我总是唱很多人的歌啊。”

“那段时间，你很爱唱周杰伦的歌，我在学校的时候，晚上睡不着，给你打电话，你就给我唱周杰伦的歌，唱到我睡着才挂电话。”陈怡说话的时候，眼睛里好像闪着星星，似乎我们谈恋爱的时光就在昨天似的。

“我有没有和你讲过我第一次见到你的时候，心里什么感觉？”陈怡趁着追忆往事，准备彻底吐露一番心事。

“没有啊，我觉得你当时应该没注意到我。”

“其实，我当时心里想，这个男生有点帅啊，还有点忧郁，像是艺术家。”陈怡看到我要笑，紧接着说道，“因为你当时头发有点长，又总是一副心不在焉的样子，看起来有点酷酷的。”

“我当时因为看到你，心里有点紧张，不知道该怎么办，哪里是心不在焉啊？”我给自己辩解。

“我当时不知道啊，我只是觉得你好像一直在打量我，偷偷看我。我当时心里就有种感觉，觉得我们还会再见面的。”

陈怡的第六感还是有点准的，我以为她不知道我在偷看她，没想到她当时就已经察觉到了。

“那后来我给你送早餐，你为什么不吃，还送给别人吃？害得我郁闷好几天。”我那时候不知道该怎么表达自己对陈怡的好感，就每天早上偷偷买了早餐，放到陈怡的车篮里。

“你又没说早餐是你送的，也没留字条，我根本不知道早餐是谁给我的，而且我自己也买了早餐，就和闺蜜一起吃喽。”

“反正我那个时候听到别人说你把我送的早餐拿给其他人吃，就很受伤，觉得你不重视我的好意。”

“我说呢，早餐送了几天之后，突然没有了。”陈怡笑起来，“原来是你在生闷气。可是你不说，我也不知道早餐是你送的啊。”

“我只是觉得我把早餐放到你的车篮里，你看到之后，就会按照踪迹来寻找我，然后我们就再次相遇……”

“神经病啊，找什么找，你当拍侦探片啊。”陈怡笑起来。

“你就没有一点好奇心，想知道是谁给你送的早餐吗？”

“我是很好奇啊，但是我也没想到会去追踪看看。”陈怡说道。

“后来很长一段时间，我都没有再去你面前装作若无其事地闲晃，你有没有发现啊？”

“我不知道啊。”陈怡很坦白。

我彻底被陈怡打败了，那个时候，我也不知道自己为什么那么喜欢陈怡，总是找机会偷偷去接近陈怡，等着她出现，只要远远地看陈怡一眼，就觉得一整天都好满足。

短短的那么几分钟，也就是一首歌的时间，我却觉得十分漫长又十分短暂。喜欢一个人，真的会很单纯，我那个时候从来没有想到过，那个从我眼前经过，戴着白色耳机，背着单肩包的长发女孩，会成为我的妻子。

一首歌的时间很短，只有几分钟，仅仅是一个拥抱的时间而已。

一首歌的时间也可以很长，就像不断向前播放的人生，可以唱到永远。

我和陈怡的这首歌，会一直好好唱下去。

你们都是我的sunshine

陈怡是一个注重仪式感的人，我们在一起的时候，她每次为我准备礼物会很费心思。那个时候，我很喜欢海贼王，陈怡知道后，在我过生日的时候，她都会去满大街找海贼王的手办。

在我们恋爱的纪念日里，她会画海贼王的画送给我，还会买海贼王的船送给我。总之，陈怡每次送给我的海贼王礼物都不一样。

“哇，陈怡又送了不一样的礼物啊！”我的朋友们常常会感到羡慕。

“对啊。哪像你们，那么敷衍！”我把陈怡的礼物收藏好。

我朋友送给我的礼物，一看就是他们在街上随便找了一家店之后，随手拿起一件商品，买了之后，连包装都没有就拿来给我。

“男人之间还讲究那么多干吗？”朋友们把礼物扔给我，用一种爱要不要的眼神看我一眼。

相比起朋友之间的不拘小节，陈怡在送我礼物这件事情上，真的是特别用心。我们恋爱一周年的时候，陈怡选了一个海贼王的小礼物送给我。那是我一直想要的一件礼物，不知道陈怡什么时候知道的，她偷偷买来，在纪念日的时候送给了我。

相比于陈怡的用心良苦，我的礼物就显得十分平庸，但是陈怡也很喜欢，她说："礼物是什么不重要，心意最重要。"

后来我过生日的时候，陈怡大概为送我什么东西伤透了脑筋。海贼王的礼物已经送得太多了，陈怡就去偷偷翻我的淘宝购物车和浏览记录，她想看看有没有什么东西是我喜欢，但是还没买的。

然后，她就偷偷给我买了一双鞋子，到我生日的那天，陈怡郑重地把礼物拿出来，称这是我一直喜欢但是还没买的东西。我那天特别期待，不知道陈怡到底买了什么特别的礼物送给我。前几天，我一直问陈怡到底买了什么东西送给我，陈怡都不肯说，只是一直故弄玄虚地说："到时候你就知道了，肯定会特别惊喜的。"结果，我看到那双鞋子的时候，心里五味杂陈。

那双鞋子是我无意点开淘宝的页面，随便看了看，当时觉得那双鞋子很丑，心里还吐槽不知道哪个没有品位的会买这样的鞋子。

所以，我期待了很久的生日礼物，变成眼前这双被深深吐槽过的鞋子，我的心情可想而知是十分复杂的，我也不知道为什么，陈怡凭着浏览记录断定，这是我喜欢的款式，然后买下来给我。

"喜欢吗？"陈怡满怀期待地问我。

"哦——还行。"我看着那双丑鞋子，还是我最不喜欢的灰色，

“可是，我能不能申请换一个生日礼物？”

“可以啊。”陈怡大度，“等明年的今天。”

后来，那双鞋子我还是穿了几次，但是实在觉得很难看，就把它束之高阁，当作“真爱纪念”给珍藏起来了。

我和陈怡不是很在意一些节日的庆祝，不会专门去过情人节之类的，但是，我们会为自己重视的日子庆祝，类似于我们恋爱的纪念日，我们会用我们认为最好、最特别的方式来庆祝。

陈怡很重视生活中那些细微又难得的时刻，会用各种方式把这些时光记录下来。

“你老发朋友圈秀我，这样会引起别人的妒忌的。”我对陈怡说。她经常发一些记录我们之间小事情的文字。

“怎么会啊？大家都很祝福呢。”

“晒恩爱。”我嘴上虽然这样说，心里还是很幸福。

有了小芋丸之后，陈怡晒的主要不是我了，芋丸的许多小细节，被陈怡一一记录了下来。

因为陈怡的这个好习惯，我生命中重要的时刻都被很好地保存了下来，每次看到陈怡拍下的照片，还有写下的文字，我都会觉得那些点滴，是我生命中最好的礼物。

芋丸出生日记：

感谢小宝贝健康顺利地来到我身边。

3 月 25 日，离预产期还有 4 天，我一切都很正常，已经做好可能会延后分娩的准备。闲在家里非常无聊，当天帮李云森打包快递装柜子到 11 点，精神状态很好。

第二天要去产检，真的不能熬夜了！就躺下睡了。大概 26 号凌晨 1 点多的时候，肚子疼，被疼醒，可能是假性宫缩，或者想上厕所，也没太在意。但是上完厕所，我的肚子还是疼，腰也剧痛得像要撕成两半一样。

李云森被我的动作吵醒，很激动地问我是不是要生了。赶紧去叫醒妈妈，去医院。我是觉得还没有到生的时间，因为都还没见红或者破水，宫缩频率也没有 5 分钟一次。不过一听要去医院，我马上洗个澡、洗个头（幸好我洗头、洗澡了，坐月子的我现在超级想洗头……），带上待产包到医院急诊。

到医院大概都凌晨两点半了，静悄悄的，我疼到蹲在地上，还是没有缓解，护士先带我测了胎心监护，大概六七分钟一次的宫缩，特别疼……只能闭着眼睛，用拉玛泽呼吸法，转移一点注意力……听见我妈在和外面的护士唠嗑。

我妈："哎，这还只是开始，没这么快的……"

护士："对啊，估计还要一两天……"

我给自己打预防针，嗯……大概一两天可以生，OK 的。

医生过来内检（据说很疼但是我没感觉）："你这都开四指了，赶紧去产房。"

嗯？要生了吗？我还没做好准备……

不过说实话真的很幸运，一到医院就开四指，不用再忍受更久的宫缩，护工帮我推轮椅上楼的时候，我的腿一直在抖，默默给自己打气，没事的……说不定可以水中分娩，再不济也有无痛分娩。

到了产房，先换上了医院的病服。

我妈和李云森都在旁边陪着我，护士和助产师也都在。

来医院的时候就蛮饿的，我怕消耗体力，一点多余的话都不敢说，直奔主题："护士，我可以……水中分娩吗？"

嘿嘿，当初可是挂过助产士的号，说我有很大机会可以水中分娩的，到时候无侧切、无撕裂，泡在水里生岂不是美滋滋！

想到这里，我感觉宫缩什么的其实还可以忍受的。

护士："不可能了，那间房现在有人住了，这么晚不可能叫别人起来，你要是白天的话还有机会。"

我没想到阻挡我水中分娩的居然是这个原因，不死心的我还在问大概几点可以用到这张床。

得知七八点的时候，还想说可不可以忍到七八点。

因为生产的疼痛是未知的，更让我惧怕。不过，我还有无痛分娩啊。

结果李云森握着我的手告诉我，因为我的血液检查是 20 天前的，打麻醉的血液检查得 10 天内，而血液检查至少也要一个小时出结果。

当下我的眼泪流下来了……（是真的！）

也就是说，我要自然分娩？

李云森在旁边安慰我：“没事的，上次上课说开三指已经完成百分之八十了，而且打麻醉药以后会腰疼哎，很快就过去了！”

助产师也在旁边安慰我：“要不你下来走走，快点生……”

当时我的心态完全崩了，疼得完全走不动。当然同时也疼得我没有多余的力气去造作。

过了一会儿，医生来了，检查了说宫口全开了，助产师也在旁边教我怎么呼吸、怎么用力。李云森在旁边喂我红牛和巧克力，我的注意力全放在了用力上，反倒不会觉得很痛了。

李云森也在一边想办法转移我的注意力：“哎哎哎，陈怡，我跟你说一个——秘——密——”

我：“……”

直接一拳揍到他的脸上。

后来他说，这个秘密是，差一点就26号6点6分生了，差一点就666了。

盯着肚脐眼，趁着宫缩用尽力气，使劲了很多次，助产师告诉我看到头发了，接下来真的非常难熬，感觉头马上就要出来了，可是不能用力，得憋着，我觉得整个分娩最难的就是这个阶段了。

不停地哈气，就在我觉得看东西都有些没意识，非常想要放弃的时候，感觉肚子一空，婴儿的啼哭声响彻了整个产房，护士把他抱了出来。

5.96 斤的芋丸终于出生了！

接下来压压肚子，偶尔宫缩根本就不算什么了。

感觉我真的非常非常幸运，无侧切无撕裂、轻微擦伤地结束了顺产，不过主要也是产程短，不然根本受不了啊。

产后差不多第二天，我就已经可以下床走动，一周左右跟没事人一样了。

顺便一提，生产后的两天气色超好，白里发亮的那种，嘴唇也很红润，后来因为芋丸整个晚上哭闹而没有睡好觉，脸色一下子差了，不知道好好坐月子可不可以养回来。

总结一下，整个孕期我并没有怎么运动，但是后两周的时候比较勤，李云森拉着我每晚快走一个小时，偶尔也会喝软化宫颈的茶。

产后的情绪非常非常不稳定，头一个星期，我差不多都是毫无理由地在一天开心、一天难过中度过。

腰疼、头疼、脖子疼，四肢如散架一般。

等等……这些还只是我产后一个星期感受到的。

但是，当我看到自己的宝宝的时候，又觉得一切痛都是可以忍受的。

都是爱我的人和我爱的人

妈妈有一次在家里和陈怡聊我小时候："李云森从小就比较让人省心，我和他爸爸基本没管过他，他上幼儿园都是自己走着去的。"

"啊？上幼儿园的时候才四五岁吧？"陈怡惊讶得张大了嘴巴。

"对啊，那个时候，我和他爸爸工作很忙嘛，有的时候一大早就要出门，幼儿园还没开门呢，我们就在家里准备好早饭，李云森吃过饭之后，自己去上幼儿园。"

我妈妈越说越得意，我怕她把我描述成一个神童，跳出来和陈怡解释："别听我妈说得那么夸张，我家离那个幼儿园很近的，我自己去幼儿园只有几次而已，平时都是我爸爸送我去的。"

"那也很厉害啊，我上初中之前，都是爸妈送我去学校的。"陈怡还是觉得我很厉害，那么小居然就可以自己去上幼儿园。

“真的很近啊，从我家门口就能看到幼儿园，根本走不丢的。”

“如果是我的话，肯定不敢自己去。”陈怡说。

其实，对于我妈总说我上幼儿园的时候就可以自己独立去这件事，我没有太深的记忆，只是知道很小的时候，就常常一个人待在家里，因为爸妈没空陪我，我就一个人在房间里画画、玩玩具。

屋外大门是反锁的。因为担心我会乱跑，爸妈通常会在出门之后将门反锁，我自己留在家里。

有的时候，我住在亲戚家，等爸妈有时间了，再来接我回家。我记得比较清楚的是，有一阵子我住在小姨家里，等我爸妈来接我的时候，我哭着不愿意跟他们回去。在我当时的意识中，整日生活在一起的小姨和姨夫才是我的爸妈，而我的爸妈在我心中是看起来很陌生的人。

小孩子的感觉总是很简单的，谁对自己好，谁整天陪着自己，那么谁就是最亲的人。陈怡问过我，有没有生过爸爸和妈妈的气，气他们总是忙着工作，没有时间管我和照顾我的生活。

我想了想，觉得小时候缺少父母陪伴这件事情，并没有对自己造成什么影响。因为我从小到大一直都知道，父母是很爱我的，他们辛苦工作，也是为了我们这个家能够有更好的环境，让我能够得到更多和更好的生活条件。

每次爸妈出门都会让我在家里乖一些，他们说在外面工作的时候，心里也是一直惦记着我，总是想要尽快完成工作，然后回家来看我。

所以，对于我来说，父母的陪伴虽然很少，但是他们对我的爱一点也不少，长大一些之后，爸妈觉得我能够好好照顾自己了，也就不会在外出工作的时候把门反锁，我就会去找邻居家的小朋友一起玩。

上初中之后，妈妈问我想不想要一个小弟弟或者小妹妹。

我说："随便啊，我都好。"

那时候我还不知道，爸爸和妈妈准备再生一个孩子，他们觉得我一个人长大太孤单了，想要让我有个弟弟或者妹妹陪伴。

初中时候的男生，进入了青春期，心里多少会有些叛逆。我那个时候也是这样，更喜欢和学校的同学待在一起，心里有什么想法，也很少会去和父母沟通，觉得和父母之间有代沟了。

妈妈生下妹妹之后，我还不太习惯家里多了一个人这个事实。在妹妹刚出生的那段日子，家里的人都很忙，大家都围着妹妹打转，我觉得自己有点被家人忽视，心里有些酸酸的感觉，我放学回到家里，妈妈总会把我叫到卧室。

"看啊，这是你妹妹，可爱不可爱？"我看着床上躺着的那个像洋娃娃大小的小婴儿，心里只有一个感觉——好丑啊。

"皱巴巴的。"我随口说道。

“小孩子刚出生都是这个样子的，长大一些就好了。你小时候啊，还没有你妹妹好看呢，像小老鼠一样。”妈妈说。

“不会吧，我小时候会这么丑啊？”我叫起来。

虽然觉得妹妹很吵，总是哭个不停，和她说话，她也是听不懂的样子，但我还是很喜欢妹妹，觉得回到家里，看到一个可爱的小人儿，“咿咿呀呀”地朝我说着我听不懂的话，还很喜欢我抱她，心里就觉得很开心。

有时候，同学叫我放学去打球，我会说要回家照顾妹妹。

“你爸妈会管的，你妹妹还那么小，你懂得怎么照顾吗？”和我经常玩在一起的同学都是男孩子，他们都不理解我为什么一放学就跑回家的心情。

其实，我回到家里，对于照顾妹妹的事情也插不上手，我就是在她的小床边看着她，逗她笑。

有了一个妹妹的感觉和从前一个人的时候很不一样，觉得心里多了一份牵挂，在外面和同学吃零食，或者玩到好玩的东西，就会想：这个东西妹妹能吃吗？这个东西等妹妹长大了会喜欢玩吗？

妹妹大一些之后，爸爸和妈妈的工作更加忙碌了，家里就经常是我和妹妹两个人，所以，妹妹很黏我，有事没事就会找我，让我陪她一起玩，给她讲故事，给她唱歌。有时候，爸爸和妈妈回到家里，妹妹也总是去找我，让我给她讲故事。

“哎呀，你把我和爸爸在她心目中的地位都取代了哟，妹妹只喜欢你。”妈妈有时候会有些吃醋地和我讲。

经常在我做作业的时候，妹妹跑进来要和我玩，我就故意装作很严肃、很害怕的样子，让她不要吵。

“不要大声叫哦，门外有大怪兽，专门抓不听话的小孩子，你要是再吵，会被大怪兽抓走。”我压低声音，眼睛四处乱瞟，好像真的有一只怪兽在门口。

妹妹对我总是无条件地相信，她真的相信门外有抓小孩子的怪兽，害怕得不得了，躲到床上，整个人裹在被子里。

“怪兽走了。”我去叫她，她还不肯从被子里出来，躲在里面发抖。

“骗人。”妹妹小声道。

“真的走了，不信，你看——”我大喊了几声，指着毫无动静的门口，“你看，没有怪兽进来吧，哥哥没骗你。”

妈妈知道我讲故事吓唬妹妹，大声说了我几句，担心我把妹妹吓坏了，这个时候，妹妹总是会把身体挡在我面前，不让妈妈训我。

“哥哥是不是坏蛋？”妈妈故意问。

“不是。”妹妹斩钉截铁地说道。

“可是他吓唬你，是不是？”

“不是——”妹妹继续斩钉截铁地说道，一边说还一边捂住嘴巴，让自己的声音小下来，眼睛瞄向门外。

“别怕，没事的，有哥哥在，什么怪兽都不会进来的，知道吗？”我搂着妹妹，让她不用担心和害怕。

妹妹立刻点头。当时我觉得妹妹真可爱，不管我说什么，她都立刻相信。后来意识到，这是我和她之间切割不断的血缘亲情，让我们之间有一种百分之百的信任。

我去外地读书，后来又来到杭州工作，每年只会回家待很短的一段时间，每次在家里见到妹妹，都觉得她和我上次见到的样子不一样了。

“又长高了啊。”我摸着妹妹的头说。

“是啊，你上次回来，还是半年前呢，小孩子正是长身体的时候，长得很快呢。”妈妈说道。

妹妹站在一边不说话。自我去外地工作了之后，每次见到妹妹，总觉得她和我生疏了，没有小时候那么黏我。我问她话的时候，也是我问一句，她答一句。

“你总不在家，她怕羞呢，过几天和你熟了就好了，又会像以前那样打打闹闹，没大没小了。”我妈虽然这样说，但是我觉得时间和空间的距离，真的把我和妹妹之间的感情冲淡了。

我知道自己的工作只会越来越忙，以后回家的次数也会越来越少，而妹妹因为要上学，不可能有太多时间来杭州和我玩。因为我自己小时候就是一个人长大的，所以我很清楚没有人陪伴长大的滋味是什么。

爸爸和妈妈现在的工作虽然没有以前那么忙了，但是他们还是闲不住，每天还是会工作很久。

女孩子的心思总是更敏感一些、更细腻一些，我担心妹妹会变得越来越内向，就和陈怡商量看有没有什么办法，能够让妹妹开朗一些，也让妹妹明白，爸爸妈妈还有哥哥虽然没有那么多时间陪伴她，但都是这个世界上最疼爱她的人。

“一起去旅行喽，大家一起出去玩几天，感情会增进不少的。”陈怡拿我和她的哈尔滨之行举例子，我觉得她说得很有道理。

在妹妹一次生日前夕，我订了去香港的机票，带着妹妹和陈怡一起去了迪士尼玩。那趟旅行真的很好，妹妹玩得很高兴，我们拍了很多好看的照片，我给妹妹买了很多好玩的玩具。其实，我做了这么多，只是希望让妹妹知道，我很爱她。

在旅途中，我和妹妹依然互怼，我问道：“爱不爱哥哥？”

妹妹犹豫地看了我一眼，又看了陈怡一眼，像是下定很大决心似的：“爱！”

“没听到啊。”我故意说道。

“你耳朵怎么了？”妹妹问得我无言以对。

我最珍惜的家人，他们是我这一生的宝藏，因为有他们，我才会觉得不论自己走到哪里，都充满勇气。因为只要我累了，回到家里，他们就会给我最温暖的保护。

不论我在外面过得有多好，或者有多不顺利、多糟糕，我都不觉得有什么大不了的，因为我的家人会一直在我身后支持我，他们会给我最好的拥抱。

我们的一路，谢谢有你们

一直以来，我都很想对喜欢我的朋友们说声感谢，因为有你们的支持和鼓励，让我觉得自己做的事情很有意义。

最开始从 2014 年，我在网上发布我和妹妹的一些小视频，只是因为好玩，没想到会被越来越多的人转发，关注。

然后慢慢地，粉丝从几十个到上千个甚至上万个，再到现在越来越多的人关注我，给我留言，说喜欢看我和妹妹，还有陈怡之间的互动。

其实，最开始拍视频的时候，只是因为无聊。那个时候，父母工作很忙，我放学回家后，家里就只有我和妹妹两个人。我小的时候，就总是一个人待在家里，很无聊地自己和自己玩。我觉得应该让妹妹的生活有趣一些，就拉着她和我一起拍视频，一起闹。

妹妹的性格虽然有些内向，在外人面前不怎么说话，可是我们两个人的时候，她也很能疯，我拍视频的时候，超级配合我。

我的视频内容大多是我和妹妹搞恶作剧，我会想一些办法，让妹妹生气追着我打闹。很多人会在网上问我，视频的内容是不是我故意编出来的？其实，我和妹妹平时在家里，很多时候都是这样玩的。也正是因为我和妹妹总是这样玩闹，所以，有一天，我忽然在玩着玩着的时候，有了灵感，觉得可以拍一些我和妹妹打闹的视频，也算是记录了妹妹的成长点滴，也记录了我和妹妹的相处时光。

拍完视频之后，我就随手上传到网上，没想到有一天一觉醒来，发现自己居然上了热搜，超级多的人给我留言。

大家都说很喜欢我和妹妹之间的互动，觉得看了我们兄妹两个人的日常，想起自己和兄弟姐妹的互动，觉得我拍的视频很真实有趣。

“我们两个红了，知道吗？”我悄悄和妹妹说。

“怎么红了？”妹妹不太懂。

“就是很多人认识我们了，以后我们出门要注意一点，不要做不好的举动，知道吗？因为会被人认出来。”我很夸张地对妹妹说道。

“真的吗？”妹妹不太相信。

“真的。”

看妹妹的样子，似乎还是半信半疑，但是我带她出门的时候，发现她不会乱扔垃圾，走路的样子也像个小大人似的。

后来，我认识陈怡之后，并不想让她知道我在网上有点击量很高的视频，因为觉得视频里的自己疯疯癫癫的，如果被陈怡看到会很没有面子，很丢脸。

一开始，陈怡的确是什么都不知道，但是有一天，陈怡突然和我说："原来在网上那么出名啊，你怎么都不讲啊？"

"你看到了？"我心里有些懊恼，不知道陈怡看到我和妹妹打闹的样子，会不会觉得我没有形象。

"对啊，我上网无意中看到的，我觉得那个人和你很像，结果，我仔细看的时候，发现那个人就是你。"

陈怡说起来还很激动，她说我的视频拍得超级搞笑，她很喜欢看。

所以，到后来，在妹妹上学之后，陈怡出现在我的生活中，我拍的视频里，也逐渐有了她的身影，但是，大家最初并没有那么快接受陈怡，对我和她的恋情并不是很看好，觉得我们会很快分开。

不过，陈怡的可爱和善良，让大家渐渐爱上了我们之间这份奇葩的狗粮。

越来越多的人陪着我一起成长，见证了我生命中的许多重要时刻，也和我一起分享了生活中的喜怒哀乐。

后来，芋丸出生后，大家又纷纷在我的微博下面留言：

"好幸福啊，你们一家人好有爱啊。"

"我会一直支持你的。"

"要幸福啊，要一直幸福下去，好好照顾自己，好好照顾陈怡。"

看到这么多的祝福，我心里也是幸福感爆棚。

当初在网上发一些视频，看到转发和留言越来越多，有的视频还会被顶成热门，我有些意外之余，还有些顾虑，毕竟自己不是一个完美的人，会担心让关注我的人失望，也担心因为我的视频被越来越多的人关注，会给我的家人带来影响。

但是，幸好关注我的你们真的都很好，总是会不停地鼓励我、激励我，给我加油，也给我的家人送上祝福，让我有不断前进的动力。

总有人给我留言，说我和陈怡的狗粮太甜了，还说我和陈怡的爱情是完美的爱情。我想说的是，这个世上没有百分之百完美的爱情，每一对情侣都是在时间中成长起来的，有的情侣会在成长的过程中越走越远，最终分开；有的情侣会在成长的过程中彼此接纳，最终牵手同行。

我和陈怡很幸运，能够携手相伴，经受了时间给我们的考验。大家可能会觉得视频中的我们是理想型的情侣，我们在一起吵吵闹闹，做许多浪漫的事情，看起来无忧无虑，没有任何的烦恼。

其实视频中的我们，只是日常中的我们的一个小小缩影。我没有视频中那么好，我和陈怡的爱情也并不总是像视频中那么甜，我们和平凡的大多数情侣一样，生活中有哭有笑、有甜有苦，有过犹豫和矛盾，也有过幸福和快乐。

生活对我们和对你们所有人都是一样的厚待，我以前常常会觉得别人拥有的东西更好，我会很羡慕，但是现在，我慢慢发现，自己所拥有的才是最值得珍惜的。我以前问过陈怡我有什么缺点，陈怡掰着手指头，罗列了一大堆：“懒、嘴巴坏、粗心……”

我惊讶地问她："我有这么多缺点，你还愿意喜欢我，和我在一起？"

陈怡说："我也有很多缺点啊，你还不是没有离开我？"

我想，在我的爱情中，陈怡教会了我很重要的一件事情，那就是不要在乎对方是不是足够完美，而要跟着自己的心走。

我这个人有很多的缺点，有时候，我都有点受不了我自己，可是陈怡却能够一直包容我。她是一个很乖巧、很听话的女孩子，说话不会很大声，在生人面前有点羞涩，遇到事情会慌张，会不知所措，可是，就是这样平凡而普通的陈怡，我却对她十分依赖。我们平时出门，陈怡要准备钱包、钥匙、衣服、生活用品等东西，而我只要带着陈怡就什么都不用管了。

视频中，陈怡总是被我欺负，其实在现实生活中，陈怡就是我的第二双眼睛。我朋友常常打趣我，说我和陈怡谈恋爱之后，生活自理能力越来越差了。

我想喜欢上一个人，爱上一个人，就会不自觉地想去为她改变。我以前总是不愿意麻烦别人，可是和陈怡在一起之后，我好像什么事情都不会做了，不管去做多么小的一件事，我都想叫陈怡帮我。

"李云森，你没手吗？"陈怡有时会嚷我。

"对啊，我没手啊。"我自然会耍赖皮，让陈怡拿我无可奈何。

常常会有人问我："陈怡哪里吸引了你呀？"

我其实也说不清楚这个问题，可能两个对的人遇到了，自然而然就会互相吸引，在一起只是时间的问题。

我和陈怡之间的爱情，网上的许多朋友都有见证，我们之间的一点一滴，从恋爱在一起，到求婚成功，再到举行婚礼，然后小芋丸顺利出生，感觉我和陈怡这一路走来，像有许许多多的朋友陪伴在我们身边一样，让我们一点都不孤单。

我和陈怡办婚礼的时候，来了二三十个粉丝为我送祝福。因为当时我们在酒店里举行仪式，我不知道有粉丝等在外面，等我和陈怡从酒店里出来的时候，才看到好多人等在酒店门口，他们看到我和陈怡，就大喊着祝福我们，希望我们幸福之类的话。

当时，我特别感动，没有想到会有这么多素未谋面的人专程跑来婚礼现场为我和陈怡送上祝福。当时我心情很激动，也不知道该怎么表达自己的心情，有很多想说的话都没有说出口。其实，我很想说谢谢你们能够专程赶来见证我和陈怡的幸福时刻，你们那么用心祝福，让我的心里特别暖。

我的微博私信里，每天都会收到许多人发来的信息：

“第一次知道你们，就是看了你和妹妹拍的视频，当时觉得好暖。后来就入了你的坑出不来了。”

“你发的每条微博，我都会认真去看；我还会看陈怡的微博，觉得你们家人之间的互动都好有爱啊。”

“你好逗啊，陈怡好漂亮啊，好喜欢你们啊。后来看到你向陈怡求婚的视频，我都哭了，真的太惊喜了。”

因为私信每天都有很多，所以我没有办法一一进行回复，但是我只要有时间，就会看这些私信，也会进行回复，我希望让所有关注我的人都知道，我对于你们的支持，一直都是记在心里的。

我希望自己能够和你们一起共同努力，我们都要为自己的生活负责，因为我们还要和我们喜欢的人共同走过很长的一段人生路。

我希望自己能够和你们一起共同努力，我们都要为自己的生活负责，因为我们还要和我们喜欢的人共同走过很长的一段人生路。

我和陈怡很幸运，能够携手相伴，经受了时间给我们的考验。大家可能会觉得视频中的我们是理想型的情侣，我们在一起吵吵闹闹，做许多浪漫的事情，看起来无忧无虑，没有任何的烦恼。

后记　嗨！余生请多指教

hi! The rest of my life directions

有个周末，我醒得很早，陈怡还在睡，她自怀孕以后变得超级爱睡觉。听说准妈妈要积极运动，生孩子的时候才会比较顺利，可是，看陈怡的表现，我心里隐隐有些担忧，脑海中不由自主地浮现出一个画面：在空旷的产房里，陈怡扯着我的头发，一边用力生孩子，一边骂我……

我从小到大就喜欢胡思乱想，脑洞常常大出天际，在结婚以后，看着宝宝一天一天在陈怡肚子里长大，这个毛病简直有愈演愈烈的态势。

朋友说我这是“产前综合征”，具体症状大概是：幻听、担心一些有的没的、一个人发呆，等等。

虽然症状都对上了，但是我还是觉得怪怪的，作为一名男性，我这样真的好吗？为什么陈怡反而比我还要淡定，每天一觉能够睡到自然醒？

在我头脑风暴的时候，陈怡翻了个身，她迷迷糊糊揉揉眼睛，伸手拍拍我的头："你醒了？"

"嗯。你睡醒了吗？"

"没有。"陈怡打了个大大的哈欠，看样子还要再睡一会儿。

"那个。"我推推陈怡的胳膊。

"干吗？"陈怡没有睁眼，声音含含糊糊的，听起来随时都会被美梦给拖走。

"没什么。"我帮陈怡把被子掖好。

"干吗啊？你讲啊。"陈怡努力睁开眼睛，困惑地看着我。

我安静地看着她，手指轻轻帮她把额前的碎发整理好。陈怡被我盯得很不自然，她的表情看起来有些紧张。

"喂，陈怡。"

"嗯？"

"陈怡。"

"干吗？"

"陈怡。"

"说啊，你到底要干吗啊？"

陈怡已经有些爹毛了，我强忍着笑，故作镇静地问她："这下子你醒了吗？"

"废话。"

"还睡吗？"

"睡你个头啊。"陈怡坐起来，挺着圆鼓鼓的肚子，嘴巴也噘了起来，像一只生气的河豚。

"那我跟你讲，你认真听哦。"我慢慢起身，坐到床边，穿上拖鞋，

“你真的要认真听我说啊。”

“好。”陈怡的声音里透着严肃。

“我想跟你说——”我一步一步走到卧室门口，“既然你醒了，我们就去吃早饭吧，别睡了，再睡下去你就要变成猪了。”

十二倍语速说完这句话，我哈哈大笑着，迅速开门跑出去，听到陈怡在卧室里大叫我的名字：

“李云森，你给我等着。

“喂，李云森，你跑哪儿去了？

“李云森……”

从谈恋爱到结婚，我一直都很喜欢逗陈怡，看她奓毛，看她要跳起来打我，我都觉得很开心。别的情侣之间，是比心发糖，我和陈怡之间，却是华山论剑。

我妈总说我们两个：“哎哟，怎么像小孩子一样，永远也长不大？”

我觉得长不大挺好的，可以一直开开心心地在一起，因为彼此的一个微笑、一句话，就兴奋好久。

就像一开始的时候，我喜欢陈怡，暗恋她好久，可是又不敢去和她表白，就总是偷偷躲在一旁看她，看她和几个好朋友有说有笑地从我面前经过，我就会觉得心里很激动：“啊，今天又见到陈怡了。”

那时候，我有相处得很好的朋友总是起哄叫我去表白。有时候，他们看到陈怡走过来，就会故意使坏，大叫我的名字。

那段时间，我和陈怡的关系有些尴尬。我每次被起哄，都会追着那几个朋友跑，边跑边观察陈怡的神情。陈怡低着头，脸红红的样子，好像并没有很生气。我会想，看来陈怡也没有很讨厌我啊。心里就会很高兴，一整天都精力无限的样子。

有时候，陈怡远远看到我，就会假装有事情，忽然掉头跑掉。我看着她的背影，心里就会有些惆怅，说不上来那是一种什么滋味。

谈恋爱了以后，陈怡和我说那时候觉得我有点奇怪，总是斜着眼睛追着她看，她还和闺蜜私下讨论过我的眼睛是不是有什么毛病。

我都气乐了，把眼珠转了好几个圈，表明自己眼睛健康得不得了。

那时候我既希望陈怡注意到我，又觉得被陈怡看到有些害羞，不知道该说些什么、做些什么。

想要留意陈怡的一举一动，又觉得目不转睛地盯着女生看是很不礼貌的事情，所以，眼睛瞥来瞥去，大概在别人看来，就像是眼睛有些问题的样子。

当年一心一意喜欢的人，现在就陪在我身边，我们相处的这些年的画面，就像是电影一样在眼前一幕幕地播放。

陈怡总是很安静、很乖巧，即便有什么不开心，也很少说出口。

和陈怡在一起之后，我心里总是觉得很踏实、很安稳，陈怡什么都不用说，只要看到她，我就会觉得未来明亮。

世界太大，人山人海，我很幸运，能够在最美的时光，遇到最好的人。

时间太快，岁月太短，我也有些遗憾，对我爱的那个人，没有做到百分之百的好，我让她伤心过、流泪过。

但是，她真的很好，没有生我的气，一直包容我的幼稚可笑，陪我胡闹，陪我走过每一天。

我有些粗心大意，也不够浪漫。和陈怡在一起，总是她在照顾我。我希望在以后的时间里，我能够让她觉得，我们之间的这份爱值得相信、值得坚持，我希望她会永远相信我，能够给她永远。

陈怡，从今往后，余生请多指教。

（本书完）